# STYLISH INDIA

MONISHA BHARADWAJ

# STYLISH INDIA

144 SCHNELLE REZEPTE AUS DER INDISCHEN KÜCHE

Collection Rolf Heyne

Dieses Buch widme ich in ganz besonderem Maße meinem Sohn Arrush, der sich leidenschaftlich mit Essen, Kochen und der verwirrenden Welt der Zutaten beschäftigt, und ebenso meiner Tochter Saayli, die es unmöglich findet, sich für dies alles interessieren zu können. Beide haben mich zu Neuem inspiriert – sei es um dem einen Gaumen zu schmeicheln oder den anderen mit Unbekanntem in Versuchung zu führen.

Titel der englischen Originalausgabe:
Stylish Indian in Minutes

Ins Deutsche übertragen
von Marion Trutter

Die Originalausgabe erschien 2002
in Großbritannien bei
Kyle Cathie Ltd
122 Arlington Road
London NW1 7HP


2. Auflage 2003

Umschlaggestaltung: Hauptmann und Kampa
Werbeagentur, CH-Zug
Layout: Mark Latter, Vivid Design
Satz: Carmen Marchwinski
Redaktion und Herstellung:
Trudie Trox, via-Redaktion, München
Druck und Bindung: Star Standard

Printed in Singapore

ISBN 3-89910-194-4

# INHALT

# EINFÜHRUNG

Meine erste eigene Wohnung bezog ich im Alter von 22 Jahren in England. Ich war aus Bombay gekommen, aus einem Haushalt, in dem sich Bedienstete um Einkauf, Kochen und Putzen kümmerten. Noch nie hatte ich Lebensmittel begutachtet und eingekauft und ganz gewiss nicht regelmäßig gekocht. Trotz meiner Ausbildung im Hotelmanagement hatte ich in der Küche meiner Mutter höchstens einmal ausgefallene internationale Köstlichkeiten wie Poulet Marengo oder Tarte rustique aux apricots zubereitet – ganz zur Freude von Familie und Freunden, die meine Kreationen mit äußerster Begeisterung und großem Genuss verschlangen.

Die ersten Tage in England öffneten mir die Augen. Ich führte endlose Telefonate mit Bombay, in denen ich nach Rezepten und Mengenangaben fragte. »Welchen Reis nehme ich da?«, oder: »Oh nein, hier bekommt man keine frischen Kokosnüsse« und: »Wenn ich welche finde, wie reibe ich sie dann?«

Mit der Zeit habe ich gelernt, dass jeder Koch und jede Köchin seinen oder ihren eigenen Weg findet. Als Arbeit und Studium immer stressiger wurden, bemerkte ich, dass ich das heimische Essen mehr und mehr vermisste. Ich kaufte einige Bücher über die indische Küche, musste aber zu meinem Entsetzen feststellen, dass sie indisches Essen als eine »exotische« Küche verstanden, die überhaupt erst nach stundenlangem Einweichen, Mahlen und Kochen genießbar war. Und ich hatte weder Zeit noch Lust, mich mit diesen aufwendigen Prozeduren zu befassen.

Meine Mutter war ihr ganzes Leben lang eine tüchtige und erfolgreiche berufstätige Frau gewesen und ich wusste, dass sie immer, wenn sie kochte – egal ob für Partys oder größere Feste –, in kürzester Zeit wahre Wunder aus dem Topf zauberte. Ich begann mir meine eigenen Techniken und Tricks auszudenken. Ich wollte authentische indische Küche und war nicht bereit, dabei Abstriche in Geschmack oder Qualität zu machen. Und: Das Ganze sollte am besten innerhalb weniger Minuten auf dem Tisch stehen. Mittlerweile hatte ich auch häufig Gäste und raten Sie mal, was die sich immer wünschten: Indische Hausmannskost! Ich fand bald heraus, dass die Zeit sich umgekehrt proportional zu neuen Ideen verhält. Ich probierte zahllose Rezepte in unendlichen Variationen aus und entwickelte so selbst einen Stil, der mir entsprach.

Es erübrigt sich zu sagen, dass ich nicht die Einzige bin, die den Aufwand und die Umständlichkeit der indischen Festtagsküche auf ein Minimum reduziert. Mit Festtagsküche meine ich ein besonderes oder feierliches Essen – ob nun zu zweit oder eine Tafel mit 50 Personen –, denn die indischen Alltagsspeisen sind von jeher relativ einfach und unkompliziert. Heutzutage sind die jungen Hausfrauen in Indien genauso darauf aus, Möglichkeiten zu finden, wie sie ihre Zeit in der Küche reduzieren und die gewonnenen Stunden für Karriere, Hobbys oder die Familie nutzen können.

# STYLISH INDIA – »Neoklassiker« der indischen Küche

Auch wenn man in der Küche Zeit sparen möchte, kann man nicht einfach irgend etwas zusammenkleistern. Ich bin der festen Überzeugung, dass ein Koch die Authentizität wahren muss. Außerdem sollte er sich einer gesunden Ernährung sowie dem Geschmack verpflichtet fühle. Und: Essen muss alle unsere Sinne ansprechen.

Allzu oft versteht man unter indischer Küche einfach »ein Curry«. Die Spezialitäten vieler Bundesstaaten, regionale Variationen und neue Kreationen finden außerhalb Indiens kaum Beachtung. In diesem Buch habe ich Rezepte zusammengetragen, die unserem schnellen Lebensstil gerecht werden und dennoch etwas Besonderes sind. Einige klassisch, andere neu, reflektieren sie eine innovative indische Küche, die auch den heutigen Bedürfnissen entgegenkommt.

## ZUTATEN

Die Erfahrung hat mich gelehrt, immer nur die frischesten, knackigsten und aromatischsten Früchte und Gemüse zu kaufen. Auch Fleisch, Geflügel, Fisch und Eier müssen absolut frisch sein, sonst nehme ich sie nicht. Ich greife wirklich nur zum Allerbesten. Bei den Gewürzen wähle ich feste, duftende Kapseln und Samen, die Magie ins Essen bringen. Ich mache aber auch ein paar Zugeständnisse. So verwende ich fertig gemahlene Gewürze und bin dankbar für Schätze wie Dosenbohnen, Tamarindenpaste und Tomatenpüree.

Es gibt eine endlose Palette indischer Brotsorten, von denen man einige fertig kaufen kann. Hierzu gehören Naan, Chapati (auch Roti genannt), Paratha mit oder ohne Kräuter und Pittabrot. Ich würde sagen, frisches Brot sollte innerhalb von zwei Tagen verzehrt werden, man kann es aber auch für eine Woche tiefgekühlt aufbewahren.

Ein Wort zu Chilis: Bei den weniger scharfen grünen Schoten erspare ich mir das Entfernen der Kerne, da dies sehr mühsam ist. Wenn Sie die Gerichte nicht ganz so scharf mögen, nehmen Sie einfach weniger Schoten. Anders verhält es sich mit den roten Sorten wie Kaschmir-Chilis, die dem Essen Farbe und Schärfe verleihen sollen. Wollen Sie nur eine milde Schärfe, aber dennoch nicht auf die Farbe verzichten, dann schlage ich vor, die Kerne herauszukratzen.

Noch ein kleiner Tipp am Rande: Sollten Sie einmal mehr Chili erwischt haben, als Sie (v)ertragen können, greifen Sie zu Raita auf Joghurtbasis. Das für das Rachenfeuer verantwortliche Capsaicin ist nicht wasserlöslich – Wasser oder Bier können Sie also nicht retten! Joghurt dagegen neutralisiert den Scharfmacher und kühlt Ihre Zunge am besten.

## TECHNIKEN

**Freie Zeit nutze ich gerne, um Zutaten vorzubereiten, die mir später Zeit einsparen:**

❖ Für Ingwer-Knoblauch-Paste kaufe ich in der Regel fertige Pasten und mische sie im Verhältnis 1:1. So benötige ich nur einen Behälter und einen Löffel. Und für die meisten indischen Rezepte braucht man ohnehin beide Gewürze.

**Nützliche Vorräte:**

❖ Hülsenfrüchte in Dosen: Rote Kidney-Bohnen, Flageolet-, Butter- und Cannellinibohnen, Kichererbsen, Rote Linsensuppe

❖ Dosentomaten: ganze geschälte Eiertomaten, gehackte Tomaten und Tomatenpüree *(passata)*

❖ eingelegte grüne Paprikaschoten

❖ Ananas in Dosen

❖ Kondensmilch und Kokosmilch in Dosen

❖ haltbare Sahne

❖ Mandeln, Pistazien, Erdnüsse, Nussmix, Cashew- und Pinienkerne, Mandelpulver

❖ fertige Minzsauce (schmeckt super in Joghurt gerührt als Dip zu Fleischspießen, Samosa und Bratlingen) sowie Apfelsauce (nicht oder nur wenig gesüßtes Apfelkompott; zu Bratlingen)

❖ Steinsalz, Zwiebelsalz, Knoblauchsalz, Meersalz

❖ mit Knoblauch oder Zitrone aromatisiertes Olivenöl für ein schnelles Salatdressing

❖ grober Senf

❖ Erdnussbutter, Tamarindenpaste, Kokosflocken (Kokosraspel)

❖ Puderzucker und brauner Rohrzucker

❖ Gewürze und -mischungen: Garam Masala, Tandoori Masala, Kardamomkapseln und Kreuzkümmelsamen (Kumin)

❖ flüssiger Honig

❖ Geröstetes Kreuzkümmelpulver (Kumin) sollten Sie auf jeden Fall vorrätig haben, denn es gibt fast jedem herzhaften Gericht eine markante Note. Eine trockene Pfanne erhitzen und darin einige Esslöffel Kreuzkümmelsamen unter Rühren dunkel rösten. Dann zu Pulver vermahlen und in einem gut verschlossenen Behälter trocken aufbewahren.
❖ Für viele Rezepte muss man Masala-Pasten und gemahlene Gewürze anbraten. Tun Sie dies bei sehr schwacher Hitze, sonst verbrennen die Zutaten. Eine Paste ist »gar«, wenn sich das darin enthaltene Öl von der Mischung absetzt.

## KÜCHENGERÄTE und Mengen

Sie benötigen für meine Rezepte keinerlei spezielle Utensilien oder Kochtöpfe außer ein paar guten, schweren Pfannen mit Deckel oder Töpfe in unterschiedlichen Größen. Am besten sind solche, die man direkt vom Herd in den Backofen stellen kann. So können Sie in einem einzigen großen Topf zuerst Zwiebeln, Knoblauch, Gewürze und Pasten anbraten, dann Fleisch, Gemüse, Linsen und Flüssigkeit zugeben und alles gemeinsam zum Kochen bringen. Indische Köchinnen und Köche haben mindestens einen Schnellkochtopf. Im Westen ist er eher aus der Mode gekommen, doch finde ich ihn unverzichtbar für schnelles Garen. Lesen Sie jedes Rezept vor dem Kochen sehr aufmerksam durch, um festzustellen, ob die gewählte Pfanne oder der Topf groß genug ist, um alle Zutaten samt Flüssigkeit aufzunehmen.

In Indien verwenden wir den *kadhai* so wie die Chinesen den ihm ähnlichen Wok für Pfannengerührtes und zum Frittieren. Der *kadhai* ist häufig aus Aluminium, hat aber dickere Wände als ein chinesischer Wok, da die Spezialpfanne für unsere Gerichte meist länger auf der Kochstelle bleiben muss, das Essen dabei aber nicht anbrennen darf.

Auf jeden Fall brauchen Sie irgendeine Art von Mahlwerk. Es gibt leistungsfähige elektrische Mixer, die trockene oder flüssige Zutaten zu Pasten oder Pulver verarbeiten. Für kleinere Gewürzmengen eignet sich eine Kaffeemühle. Trocken geröstete Samen kann man sehr gut auf altehrwürdige Weise im Mörser zerstoßen. Allerdings werden auch in indischen Küchen Allzweck-Küchenmaschinen immer beliebter.

**Mit Ausnahme der »Gebratenen Eier indischer Art« (Seite 115) und von »Fruchteis am Stiel« (Seite 140) sind alle Rezepte auf vier Personen ausgelegt.**

## KOCHEN mit Gefühl und Freude

Dieses Buch spiegelt meine eigene Erfahrung und die vieler Inder wider, die mit einem Minimum an Aufwand ein Essen zubereiten wollen. Und daher ist es für all jene gedacht, die in der Küche gerne kostbare Zeit gewinnen, um indische Spezialitäten zu genießen. Kochen ist in Indien wenig reglementiert, und oft gebe ich keine exakten Garzeiten an. Benutzen Sie Ihr Urteilsvermögen und Ihre Augen und kosten Sie regelmäßig. Schließlich kocht man so am besten, kann Erfahrungen sammeln und Vertrauen gewinnen. Ich hoffe, dass dieses Buch alle Leserinnen und Leser inspiriert, mit den Zutaten zu experimentieren und sich neue köstliche Gerichte auszudenken, wie dies auch in Indien täglich geschieht.

Die traditionelle indische Küche bietet keine großartige Auswahl an Suppen und Vorspeisen. Tatsächlich findet man Hors d'œuvres eher in westlich orientierten Restaurants als in normalen Haushalten – außer zu besonderen Anlässen. Bei einem indischen Essen kommen alle Gänge gleichzeitig auf den Tisch, inklusive der Süßspeisen. Ich persönlich serviere meinen Gästen vor dem Abendessen gerne eine Suppe, und zwar ganz einfach deshalb, weil sie die Geschmacksknospen auf sanfte Weise anregt und auf das folgende Mahl vorbereitet.

In diesem Kapitel finden Sie traditionelle Vorspeisen sowie Suppen aus Nordindien, wo das Klima ein wärmendes Entree geradezu diktiert. Zur sehr fleischhaltigen Küche des Nordens gehören fein gewürzte Consommés und Brühen sowie Cremesuppen *(shorba),* die mit Mehl angedickt, mit Sahne abgerundet und zusammen mit Reis gegessen werden. Die Kolonialzeit hinterließ ein Erbe anglo-indischer Gerichte wie etwa Mulligatawny, was im Tamilischen »Pfefferwasser« *(molaga + tanni)* bedeutet. Im Süden, wo die Suppe herstammt, wird manchmal auch *rasam* serviert: eine dünne, stark gewürzte Linsensuppe. Sonst bevorzugt man in der sengenden Sommerhitze eher kalte Suppen auf Joghurtbasis.

# SUPPEN UND VORSPEISEN

*Diese herzhafte Suppe, eine Spezialität aus Karnataka an der Westküste, wird heiß oder kalt serviert. Als dünnere Variante gibt es sie manchmal ohne Kokosmilch, dafür mit ein paar Curryblättern verfeinert. Man kann sie auch mit Reis essen. Um eine schöne Farbe zu erzielen, verwenden Sie die rotesten Tomaten, die Sie finden können.*

# TOMATOCHE SAAR

## Pikante Tomatensuppe

Vorbereitungszeit: 5 Minuten

Kochzeit: 15 Minuten

1 Die Tomaten am Stielansatz kreuzweise flach einschneiden. Mit Chili, Pfeffer, Kreuzkümmel und Salz in einen Topf geben und knapp mit kochendem Wasser bedecken.

2 Wenn die Tomaten weich werden (nach ca. 5 Minuten) mit einem Schaumlöffel herausheben und die Haut abziehen. Das Fruchtfleisch wieder ins Wasser geben. Abkühlen lassen.

3 Die Mischung im Mixer pürieren. Die Kokosmilch zufügen und abschmecken.

4 Langsam erhitzen und mit einem Zweig Korianderkraut garniert servieren.

300 g große frische Tomaten
1 grüne Chilischote
6 Pfefferkörner
½ TL Kreuzkümmelsamen (Kumin)
Salz nach Geschmack
300 ml Kokosmilch (Dose)
einige Zweige Korianderkraut zum Garnieren

*Diese Suppe stammt aus Rajasthan, wo die intensive Sonne bunte Luftspiegelungen in die Landschaft zaubert. In der trockenen tropischen Hitze ist diese kalte Gurkensuppe eine wahre Götterspeise. Sie eignet sich hervorragend, um Ihre Gäste damit an einem heißen Sommertag im blühenden Garten zu erfrischen.*

# KHEERE KA THANDA SHORBA

## Kalte Sommer-Gurkensuppe

1 Gurke, geschält
300 g Naturjoghurt
1 Knoblauchzehe, zerdrückt
Salz und frisch gemahlener schwarzer Pfeffer
1 TL frische Minze, fein gehackt (oder Minzeblätter) zum Garnieren

1 Die Gurke im Mixer pürieren, dann Joghurt und Knoblauch unterrühren.

2 Die Mischung durch ein feines Sieb streichen. Dabei sollte der gesamte Gurkensaft ausgepresst werden.

3 Mit Wasser auf 600 ml auffüllen und gut vermischen. Kalt stellen. Kurz vor dem Servieren mit Salz und Pfeffer würzen.

4 Mit Minze garniert und einem Eiswürfel servieren.

Zubereitungszeit: 15 Minuten

*Safran gilt als das Gewürz der Götter, weil er so zart und edel ist. Wenn er in einem Rezept auftaucht, garantiert dies höchsten Genuss und ein wahres Fest. Diese farbenprächtige und aromatische Suppe bringt Stimmung in jedes indische Essen. Sie ist schnell zubereitet – als ganz besonderen Hochgenuss kann man sie noch mit einem Stück essbarer Silberfolie (varq) garnieren, wie sie in den meisten indischen Lebensmittelläden erhältlich ist.*

# KESARI MURGH KA SHORBA

## Safran-Hühnersuppe

1 TL Sonnenblumenöl
½ TL Kreuzkümmelsamen (Kumin)
300 g Hähnchenfleisch ohne Knochen, gewürfelt
½ TL zerstoßene Pfefferkörner
750 ml Hühnerbrühe
Salz
¼ TL Safranfäden

1 Das Öl in einer großen schweren Kasserolle erhitzen und den Kreuzkümmel hineingeben.

2 Wenn die Samen dunkel werden, das gewürfelte Hähnchenfleisch und die Pfefferkörner zufügen und rühren, bis das Huhn Farbe angenommen hat.

3 Die Brühe angießen, salzen und zum Kochen bringen.

4 Die Hitze reduzieren und die Suppe köcheln lassen, bis das Fleisch gar ist.

5 Zum Servieren das Hühnerfleisch zerpflücken, in vorgewärmte Portionsschalen geben und mit der Brühe übergießen. Über jede Portion eine Prise Safranfäden streuen (die Suppe sollte eine appetitliche orange Farbe annehmen). Heiß servieren.

**Vorbereitungszeit: 10 Minuten Kochzeit: 15 Minuten**

# PANEER BHARE AVOCADO

## Avocado mit Hüttenkäse gefüllt

**Zubereitungszeit: 10 Minuten**

2 große Avocados
1 TL Zitronensaft
150 g Hüttenkäse mit Ananas
Steinsalz zum Bestreuen
¼ TL geröstetes Kreuzkümmelpulver
1 Prise Chilipulver
bunte Salatblätter zum Servieren

1 Avocados vom Stielende her in der Mitte durchschneiden und vorsichtig teilen, den Kern entfernen. Die Oberfläche des Fruchtfleischs mit Zitronensaft einreiben, damit es sich nicht verfärbt.

2 Die Avocadohälften mit dem Ananas-Hüttenkäse füllen und kalt stellen.

3 Vor dem Servieren mit Steinsalz, geröstetem Kreuzkümmelpulver und Chilipulver bestreuen. Jede Avocadohälfte auf einem Bett aus roten und grünen Salatblättern anrichten.

# CHEESE AUR MIRCH KA TOAST

## Toast mit Chili-Käse

**Vorbereitungszeit: 5 Minuten**

**Backzeit: 5 Minuten**

175 g Cheddarkäse (oder mittelalter Gouda bzw. Edamer), gerieben
1 grüne Chilischote, fein gehackt
4 Scheiben Brot
25 g Butter
Salz und Pfeffer
Salatblätter zum Garnieren

1 Käse und Chili vorsichtig mischen.

2 Das Brot toasten und mit Butter bestreichen. Die Käsemischung auf die vier Scheiben verteilen und verstreichen. Mit Salz und Pfeffer würzen. Unter dem heißen Grill überbacken, bis der Käse zu schmelzen beginnt und eine goldbraune Farbe annimmt.

3 Jede Toastscheibe in vier Dreiecke schneiden und auf einer Salatgarnitur servieren.

*Diese herzhafte, knusprige Vorspeise aus Nordindien schmeckt am besten mit dünn geschnittenen Zwiebelringen. In Bombay ist dieses Gericht so beliebt, dass es an unzähligen Straßenständen feilgeboten wird. Vor allem abends sieht man die Leute oft in Trauben um die einfachen Handkarren herumstehen.*

# FISH AMRITSARI

## Frittierter Fisch mit Zitrone nach Punjab-Art

1 Ingwer-Knoblauch-Paste, Zitronensaft und Steinsalz mischen und den Fisch darin 20 Minuten marinieren.

2 In einer zweiten Schüssel Kichererbsenmehl, Ajowan, Ei und Chilipulver mit Wasser zu einem dickflüssigen Teig verarbeiten.

3 Den Fisch aus der Marinade heben und jedes Filet in dem Teig wälzen, sodass die Filets rundum gut bedeckt sind.

4 Das Öl in einer großen Pfanne mit dickem Boden erhitzen und die Fischfilets darin knusprig braten.

5 Heiß mit Zitronenspalten garniert servieren.

1 TL Ingwer-Knoblauch-Paste
1 EL Zitronensaft
Steinsalz nach Geschmack
4 Fischfilets (Kabeljau oder ein ähnlicher fester weißfleischiger Fisch)
2 EL Kichererbsenmehl
1 Prise Ajowan (ein kümmelähnliches Gewürz)
1 Ei
½ TL kräftig rotes, mildes Chilipulver
Sonnenblumenöl zum Frittieren
Zitronenspalten zum Servieren

Vorbereitungszeit: 10 Minuten + 20 Minuten zum Marinieren

Kochzeit: 10 Minuten

*Nicht weit von Bombay liegt Ratnagiri, eine Gegend mit üppigen Kokosplantagen und einer vielfältigen Seafood-Küche. Hier gibt es Krebse in Hülle und Fülle, nicht nur aus dem Meer, sondern auch aus den vielen Flüssen, weshalb sie recht billig sind. Das Rezept, das die charakteristischen Zutaten der Region vereinigt, gefällt mir, weil es so einfach ist und dennoch viel hermacht. Ich verwende dafür küchenfertige Krebse, um mir das Putzen frischer zu ersparen.*

# KHEKDA RATNAGIRI

## Knoblauch-Kokos-Krebse

- 4 frisch gekochte Krebse, Schalen aufbewahren
- 2 EL Sonnenblumenöl
- ¼ TL Senfsamen
- 1 mittelgroße Zwiebel, fein gehackt
- 5 Curryblätter
- ½ TL Knoblauchpaste
- 1 EL Kokosflocken
- Salz und frisch gemahlener schwarzer Pfeffer
- frisch gehacktes Korianderkraut und Salatblätter nach Wunsch

1 Krebsfleisch vorsichtig aus den Schalen und Scheren herauslösen. Weißes und braunes Krebsfleisch gut mischen. Die Schalen gründlich waschen und abtropfen lassen.

2 Das Öl in einer Kasserolle erhitzen und die Senfsamen zugeben. Wenn sie aufzuspringen beginnen, die Zwiebeln zufügen und unter Rühren glasig dünsten.

3 Die Curryblätter und die Knoblauchpaste unterrühren.

4 Kokosflocken und Krebsfleisch zufügen und unter vorsichtigem Rühren erhitzen. Salzen.

5 Die Mischung in die gesäuberten Krebsschalen füllen, nach Belieben mit etwas gehacktem Korianderkraut garnieren, und warm auf einem Salatbett servieren.

Vorbereitungszeit: 10 Minuten Kochzeit: 10 Minuten

# MURGI NA FARCHA

## Hähnchen nach Parsen-Art

4 EL Tomatenpüree
½ TL Garam-Masala-Pulver
2 TL Ingwer-Knoblauch-Paste
½ TL Chilipulver
Salz
8 Hähnchen-Unterschenkel ohne Haut
40 g frische Semmelbrösel
2 Eier, verquirlt
Sonnenblumenöl zum Frittieren

1 Tomatenpüree, Garam Masala, Ingwer-Knoblauch-Paste, Chili und Salz vermischen.

2 Die Hähnchenschenkel in einen Topf geben, mit der Tomaten-Würzmischung und einigen Esslöffeln Wasser bedecken. Erhitzen und kurz kräftig aufkochen lassen, dann die Hitze reduzieren und weiter schmoren, bis die Hähnchenteile etwa drei Viertel gar sind. Gelegentlich wenden.

3 Abgekühlte Hähnchenschenkel erst in den Semmelbröseln, dann im verquirlten Ei wenden. In einer schweren, tiefen Bratpfanne oder im Wok in Öl frittieren. Auf Küchenkrepp abtropfen lassen.

4 Heiß servieren – nach Geschmack mit Tomatenketchup.

Vorbereitungszeit: 10 Minuten Kochzeit: 25 Minuten

# MANPASAND SEEKH

## Würzige Lammspieße

150 ml Naturjoghurt
1 kleine Zwiebel, gerieben
1 TL Garam-Masala-Pulver
1 TL Ingwer-Knoblauch-Paste
1 TL Chilipulver
Salz nach Geschmack
300 g mageres Lammsteak, gewürfelt

1 Alle Zutaten außer dem Lammfleisch in einer großen Schüssel gründlich mischen. Das Lamm zufügen, gut mit der Würzmischung bedecken und über Nacht durchziehen lassen.

2 Am nächsten Tag die Fleischstücke auf Spieße stecken und unter dem Grill 10–15 Minuten braten bzw. bis das Fleisch durch ist. Regelmäßig wenden und mit der Marinade bepinseln.

3 Die übrige Marinade in einer Kasserolle erhitzen und als Dip zu den Spießen reichen.

Vorbereitungszeit: 15 Minuten + 1 Nacht zum Marinieren Kochzeit: 15 Minuten

*Diese einfache Vorspeise ist ein Wunderwerk in Farbe und Form und schmeckt ganz besonders frisch und pur. Köstlich munden Tamater mahal mit sommerreifen Früchten zu knusprigem Brot und vor allem im Winter bringen sie Farbe auf den Tisch, wenn Sie gute, aromatische Tomaten ergattern können. Zwei weiterere Pluspunkte: Die Vorspeise ist unkompliziert und für ein Mittagessen hervorragend im Voraus zuzubereiten.*

# TAMATER MAHAL

## Tomaten-»Burgen«

1 Auf einer Servierplatte die acht größten einzeln Tomatenscheiben anrichten. Auf jede davon eine Scheibe Käse legen, dann ein paar Scheiben der Avocado und der roten Zwiebel. Auf diese Weise Schicht um Schicht aufbauen, bis alle Zutaten zu kleinen »Burgen« verbaut sind.

2 Alle Zutaten für das Dressing gut vermischen. Das Dressing über die Tomatenburgen träufeln. Mit warmem knusprigem Knoblauchbrot servieren.

**Zubereitungszeit: 10 Minuten**

300 g große, sehr rote Fleischtomaten, in dicke Scheiben geschnitten
150 g Mozzarella (oder auch milder Edamer bzw. Gouda), in Scheiben geschnitten
1 reife, feste Avocado, in mittlere Scheiben geschnitten
1 mittelgroße rote Zwiebel, in Scheiben geschnitten

FÜR DAS DRESSING:
2 EL Sonnenblumenöl
2 EL Zitronensaft
½ TL Honig
¼ TL grob geschroteter schwarzer Pfeffer
¼ TL getrocknetes Ingwerpulver
Salz nach Geschmack
1 TL fein gehacktes Korianderkraut

# PALAK ALOO BHAJIA

## Spinat-Kartoffel-Bratlinge

1 Alle Zutaten mit Ausnahme des Öls in einer Schüssel vermengen. Mit so viel Wasser verrühren, dass ein dickflüssiger Teig entsteht.

2 Das Öl in einer großen, schweren Pfanne erhitzen und jeweils 1 EL des Teigs hineingeben. Unter gelegentlichem Wenden goldbraun braten. Auf Küchenkrepp abtropfen lassen, warm stellen.

3 Portionsweise weitere Bratlinge zubereiten, bis der Teig aufgebraucht ist. Heiß servieren.

225 g frischer Spinat, gehackt
150 g geriebene Kartoffeln
½ TL geriebene Muskatnuss
75 g Kichererbsenmehl
Salz und Pfeffer nach Geschmack
Sonnenblumenöl zum Frittieren

**Zubereitungszeit: 10 Minuten**

# METHI MUTHIYAS

## Bockshornklee-Plätzchen

1 Alle Zutaten in einer Schüssel vermischen und unter Zugabe von wenig Wasser zu einem weichen Teig verkneten.

2 Den Teig in 8 Portionen teilen und mit den Handflächen zu länglichen Plätzchen formen.

3 Auf ein gefettetes Backblech setzen und im vorgeheizten Backofen bei 220 °C (Gas Stufe 6) ca. 8 Minuten backen bzw. bis die Plätzchen knusprig und goldfarben sind.

4 Heiß mit einer Zitronenspalte servieren.

1 EL getrocknete Bockshornkleesamen
5 EL Weizen-Vollkornmehl
5 EL Kichererbsenmehl
¼ TL Ingwerpaste
¼ TL Garam-Masala-Pulver
1 TL Zucker
1 EL Sonnenblumenöl
Salz
Zitronenspalten zum Servieren

**Vorbereitungszeit: 10 Minuten   Backzeit: 8 Minuten**

*Pilze zählen auf dem indischen Gemüsemarkt zu den relativ jungen Errungenschaften. Mittlerweile sind sie aber so beliebt, dass sie in großen Farmen gezüchtet werden. Für indische Rezepte verwendet man normalerweise kleine Champignons, deren Köpfe noch geschlossen sind. Dies hier ist ein unkompliziertes und schnelles Gericht, wenn beispielsweise überraschend Besuch kommt – einfach und herzhaft. Deshalb eignet es sich auch bestens als Snack zu Cocktails oder als Vorspeise.*

# MASALA MUSHROOMS

## Pilze mit Chili und Knoblauch

¼ TL Chilipulver
½ TL Knoblauchpaste
½ TL Kreuzkümmelpulver
2 EL Olivenöl
Zwiebelsalz nach Geschmack
300 g Pilze (z. B. Champignons oder Egerlinge), geputzt bzw. gebürstet und halbiert
Zitronenspalten zum Servieren

1 Chilipulver, Knoblauchpaste, Kreuzkümmel, Öl und Zwiebelsalz in einer Schüssel vermischen. Die Pilze zugeben und in der Würzpaste wälzen, bis sie rundherum gut bedeckt sind.

2 Die Pilze auf einem Backblech verteilen und für einige Minuten bei mittlerer Hitze grillen, bis sie weich sind und etwas Farbe angenommen haben. Heiß mit Zitronenspalten servieren.

**Zubereitungszeit: 10 Minuten**

IN INDIEN KENNT MAN eine ganze Palette an Milchprodukten. Überall wird zum Beispiel Joghurt *(dahi)* gegessen. Zusammen mit weichem Reis ist er das Hauptnahrungsmittel selbst ganz kleiner Kinder. Man schätzt seine verdauungsfördernde Wirkung, und die meisten Inder sagen, zu einer Mahlzeit gehöre wenigstens ein Löffel Joghurt.

Raita heißen alle mit Joghurt gemischten Salate. Kühler, milder Joghurt macht die Kompositionen herzhaft und geschmeidig und setzt einen Kontrast zu den Gewürzen der übrigen Gerichte. Raita werden mit rohen Gemüsen wie Karotten oder Gurken zubereitet, enthalten aber auch gekochte Zutaten wie Kartoffeln oder Rote Bete sowie Früchte – beliebt sind Ananas oder Orangen –, oder auch einfach nur Kräuter wie frische Minze. In Südindien beschließt man ein Essen mit Joghurt – in der Regel zusammen mit Reis und etwas scharf Eingelegtem. *Lassi,* die leichte Mischung aus Joghurt und Wasser, trinkt man bevorzugt im Norden. Ein Salat oder ein Raita gehören jedoch zu beinahe jeder Speisenfolge, denn sie bringen Farbe, Abwechslung und Ballaststoffe ins Essen. Salate beinhalten meist Gemüse, Früchte und Nüsse und werden zur Hauptmahlzeit gegessen. Einfach und schnell zubereitet, passen sie zu jedem indischen Gericht.

# SALATE UND RAITA

*Überall in Indien sieht man an den Bahnhöfen Leute, die auf dem Heimweg vom Büro tellerweise Wassermelone, Papaya, Chikoo (in anderen Ländern nennt man sie Sapote) und Bananen essen. Chaat passt auch gut zu jedem würzigen Fleisch- oder Geflügelgericht.*

# FRUIT CHAAT

## Pikanter Obstsalat

Alle Zutaten vorsichtig vermischen. Gut kühlen, dann servieren.

**Zubereitungszeit: 10 Minuten**

300 g gemischte frische Früchte (am besten feste Früchte auswählen, etwa Mangos, Äpfel, Birnen, Trauben, Bananen, Papayas oder Melonen), gewürfelt
¼ TL Chilipulver
1 TL Zitronensaft
1 TL Honig
½ TL Steinsalz

*Dudhi ist ein langes, dickes, blassgrünes Gemüse aus der Kürbisfamilie. Sein poröses, aber festes weißes Fleisch schmeckt sehr mild und ist dadurch vielseitig verwendbar, sogar zum Eindicken von Gemüsesuppen. Die Haut lässt sich wie bei Kürbis entfernen. (Bekommt man keinen Dudhi, ist Kürbis ein guter Ersatz.) Die Minze verleiht diesem Raita, das bestens zu Fleisch passt, eine erfrischende Note.*

# DUDHI PUDINE KA RAITA

Zubereitungszeit: 10 Minuten

## Raita mit Dudhi-Kürbis und Minze

1 Den Kürbis in eine feuerfeste Form geben und mit kochendem Wasser bedecken. 2–3 Minuten ziehen lassen, dann abgießen und abkühlen lassen.

2 Joghurt mit Minzsauce, Kreuzkümmel und Salz mischen und 1 Minute lang gut durchschlagen.

3 Das abgekühlte Kürbisfleisch unterrühren. Sofort servieren.

150 g Dudhi-Kürbis, geschält und gerieben
200 ml Naturjoghurt, gut durchgerührt
1 TL Minzsauce (aus der Flasche)
¼ TL geröstete Kreuzkümmelsamen (Kumin), gemahlen
Salz

*Kichererbsen sind vor allem in Nordindien beliebt, wo man sie als Curry zubereitet und mit riesigen gebratenen Brotfladen (bhatoora) isst. Dieser Kichererbsensalat gibt jeder Mahlzeit Biss und eignet sich zusammen mit Knoblauchbrot super zum Picknick.*

# CHANA RANGEELA

## Bunter Kichererbsensalat (rechts)

1 Dose Kichererbsen (400 g), abgegossen und gewaschen
5 EL gewürfelte Paprikaschoten (verschiedene Farben)
1 mittelgroße Zwiebel, gehackt
Steinsalz
1 großzügige Prise geröstetes Kreuzkümmelpulver (Kumin)
1 großzügige Prise Zucker
2 TL Olivenöl mit Zitronenaroma (oder 1 TL Olivenöl + 1 TL Zitronensaft)
2 TL fein gehacktes Korianderkraut

Die Kichererbsen mit den restlichen Zutaten vermischen. Mit Zimmertemperatur servieren.

Zubereitungszeit: 10 Minuten

# MURG AUR KAJU KA SALAAD

## Hähnchen-Cashew-Salat

225 g gekochtes Hähnchenfleisch
1 kleine Dose Ananas in Stücken
100 g Cashewkerne
5 EL Naturjoghurt
1 EL fein gehacktes Korianderkraut
Salz

1 Hähnchenfleisch, Ananas, Cashewkerne, Joghurt und Koriander mischen. 3 EL des Ananassafts einrühren. Gut durchmischen.

2 Gut kühlen und erst kurz vor dem Servieren salzen.

Zubereitungszeit: 10 Minuten

*Dieser ungewöhnliche Salat mit Auberginen hat einen ganz leichten Röstgeschmack, den man in Indiens vegetarischer Küche sonst weniger kennt. Er ist sehr beliebt bei den Bauern im Westen des Landes, die ihn mit Hirsefladen (bhakri), etwas Knoblauch-Chutney und einer Scheibe roher Zwiebel essen. Sie können auch kleine Häufchen davon auf Salzcracker anrichten und als Vorspeise oder zu Drinks reichen.*

# VANGYACHE BHAREET

## Joghurt mit gerösteter Aubergine

1 Die Aubergine mit Öl einpinseln und unter dem Grill rösten, bis sie weich ist (unbedingt eine Fettpfanne darunter stellen, um den Saft aufzufangen). Dabei ab und zu wenden.

2 Den Saft wegschütten. Die Aubergine etwas abkühlen lassen, dann schälen. Die Haut ist durch das Rösten trocken wie Papier und lässt sich leicht ablösen.

3 Das Fruchtfleisch mit einer Gabel zerdrücken, dann die restlichen Zutaten untermischen.

4 Kalt auf einem Salatbett oder auf Salzcracker servieren.

1 große Aubergine
Sonnenblumenöl zum Einpinseln
1 mittelgroße Zwiebel, fein gehackt
1 mittelgroße grüne Chilischote, gehackt
1 EL gehacktes Korianderkraut
150 ml Naturjoghurt
Salz
¼ TL Zucker

Vorbereitungszeit: 10 Minuten Kochzeit: 15 Minuten

*Die Landschaft der westindischen Küste leuchtet im satten Grün der Mangoplantagen, wo die süßen Früchte in einer Vielzahl von Sorten angebaut werden. Im Sommer laden Erntehelfer Millionen von Früchten auf Lastwagen, die sie in die Städte transportieren, wo sie sehr teuer verkauft werden. Königin unter den Mangos ist die festfleischige aromatische »Alphonso«, aber im Westteil des Landes finden auch viele wilde Sorten – alle süß und saftig – in der Küche Verwendung.*

# AAM KA SASAM

## Mango-Kokos-Salat

1 Kokosflocken, Chilipulver, Zucker, Senf und Salz mit ein paar Teelöffeln Wasser verrühren, um den Zucker aufzulösen. Das Ganze zu einer einheitlichen Masse verrühren.

2 Mangostücke zufügen, Salat durchmischen und gut gekühlt servieren.

225 g Kokosflocken
¼ TL mildes Chilipulver
3 EL dunkler brauner Zucker
½ TL grober Senf (am besten Senf mit ganzen Körnern)
225 g reife Mango, geschält, entsteint und gewürfelt

**Zubereitungszeit: 15 Minuten**

*Wenn das Wetter mitspielt, sind Erdbeeren in ganz Indien von November bis März erhältlich. Sie werden in den kühleren Hügelregionen auf großen Farmen angebaut, die auch ihre eigene Markenmarmelade und leckeren Saft herstellen. Dieser bunte Salat bringt Farbe und Stimmung in Sommerpartys und Grillfeste. Die Süße der Früchte harmoniert bestens mit würzigen Hähnchengerichten.*

# KA KHATTA MEETHA SALAD

## Beerensalat

1 Beeren und Kresse mischen.

2 Die Zutaten für das Dressing gründlich verrühren und über die Früchte träufeln.

3 Kalt servieren, am besten auf einem Bett aus gemischten Blattsalaten.

Zubereitungszeit: 15 Minuten

150 g Erdbeeren, halbiert
150 g Himbeeren
1 Kästchen Senfkresse, ersatzweise Gartenkresse

FÜR DAS DRESSING:
4 EL Orangensaft
Steinsalz
1 Prise frisch geschrotete schwarze Pfefferkörner

*Dies ist ein sehr einfacher und doch ausgesprochen beliebter Salat, der zu jedem indischen Essen passt. Man bereitet ihn in ganz Indien zu, da die Zutaten überall erhältlich sind. Er ist wirklich eine Augenweide und wirkt auf der Tafel wie eine Schale mit Edelsteinen. Sollte einmal etwas übrig bleiben, kann man das Dressing abgießen und den Salat als Belag für Sandwiches verwenden.*

# TAMATER KHEERE KA KACHUMBER

## »Edelsteinsalat« aus Tomaten und Gurken

150 g reife rote Tomaten, gehackt
150 g Gurke, geschält und gewürfelt
2 EL Zitronensaft
Salz
½ TL Zucker
¼ TL zerstoßene schwarze Pfefferkörner

1 Alle Zutaten vermischen und sofort servieren.

2 Wenn Sie den Salat vorbereiten wollen, bereiten Sie das Dressing aus Zitronensaft, Salz, Zucker und Pfeffer separat zu und rühren Sie es erst im letzten Moment unter die Gemüsewürfel.

**Zubereitungszeit: 10 Minuten**

# ALOO CHAAT

## Süß-saure Gewürzkartoffeln (rechts)

2 EL Tamarindenpaste oder -mark, in 150 ml Wasser aufgelöst
2 EL dunkler brauner Zucker
300 g Kartoffeln, gekocht, geschält und gewürfelt
¼ TL Chilipulver
Steinsalz
¼ TL geröstetes Kreuzkümmelpulver (Kumin)
3 EL »Bombay Mix« (eine fertige Knabbermischung aus Nudeln, Hülsenfrüchten und/oder Früchten, Nüssen und Gewürzen)

1 Die aufgelöste Tamarindenpaste mit dem Zucker mischen und unter ständigem Rühren erhitzen, bis die Mischung homogen und dicklich ist. Abkühlen lassen und beiseite stellen.

2 Die gekochten Kartoffeln in einer Servierschüssel anrichten. Mit der Tamarindensauce beträufeln.

3 Mit Chilipulver, Steinsalz und Kreuzkümmel bestreuen.

4 Mit »Bombay Mix« garnieren und mit Zimmertemperatur servieren.

**Vorbereitungszeit: 15 Minuten Kochzeit: 10 Minuten**

# PANEER KA RAITA

## Salat mit Käse und Croûtons

300 g gemischte Blattsalate
300 g Paneer (schnittfester indischer Frischkäse), gewürfelt

FÜR DAS DRESSING:
150 ml Naturjoghurt
2 EL Doppelrahm-Frischkäse
¼ TL Knoblauchpaste
Zwiebelsalz
2 EL Knoblauch-Croûtons

1 Auf einer Platte ein Salatbett auslegen. Die Käsewürfel vorsichtig darauf anrichten.

2 Für das Dressing Joghurt, Frischkäse, Knoblauchpaste und Zwiebelsalz zu einer glatten Masse verrühren.

3 Das Dressing über Käse und Salat gießen. Sofort mit Knoblauch-Croûtons servieren.

**Zubereitungszeit: 15 Minuten**

*Rote Bete gehören zu den Lieblings-Salatgemüsen der Inder, und auf den Märkten sieht man wirkliche Prachtexemplare. Man genießt sie roh oder gekocht. Dieser Salat ist wegen seiner schönen rötlichen Farbe ein hübscher Blickfang auf jeder Tafel. Um den dekorativen Effekt noch zu steigern, können Sie ihn eiskalt in einer Schüssel anrichten und mit ein paar purpurroten Orchideenblüten am Rand garnieren.*

# CHUKANDAR KA RAITA

## Rote-Bete-Raita

150 g gekochte Rote Bete, in Würfel geschnitten
1 grüne Chilischote, fein gehackt
200 ml Naturjoghurt, gut durchgerührt
Salz
1 TL Zucker

Alle Zutaten vermischen, gut kühlen und servieren.

Zubereitungszeit: 10 Minuten

INDIENS RIESIGE SÜDLICHE HALBINSEL wird von drei Meeren umgeben: Im Westen brandet das Arabische Meer an die Strände von Bombay (Mumbai), wo ich lebe. Im Süden verbindet uns der Indische Ozean mit dem paradiesischen Sri Lanka, und der Golf von Bengalen ist ein Quell der Freude für die Bengalen, die ihren Fisch so sehr lieben.

In jeder Küstenstadt gibt es einen Fischmarkt. Nachts werfen die Fischer ihre Netze aus, um bei Sonnenaufgang eine überwältigende Vielfalt an Fischen und Meeresfrüchten an Land zu bringen. Bombays größter Fischmarkt liegt am Sasoon Dock. Die Boote laufen um fünf Uhr morgens mit allen Arten von Meeresgetier ein, darunter Hai, Pomfret, Garnelen, Hummer und Krebse. Die größten Fische und die besten Meeresfrüchte gehen gleich an die Restaurants. Danach sortieren die Fischerfrauen den Rest des Fangs und verkaufen ihn aus Körben – das große Feilschen beginnt. Gegen elf Uhr ist aller Fisch weg und der Markt leer gekauft.

In den vielen Flüssen des Binnenlandes springen vorzügliche einheimische Lachse und Karpfen mit Namen wie *mandli, hilsa, rohu.* Auch Flusskrebse gedeihen prächtig. Gibt man in Bengalen milden Süßwasserfischen den Vorzug, so wartet Südindien mit opulenten Seefischgerichten auf.

# FISCH UND MEERES-FRÜCHTE

*Dieses Rezept stammt von meiner Großmutter. Die lecker zubereiteten Garnelen kann man an den Stränden von Bombay (Mumbai) auch an kleinen Buden kaufen. Ich habe noch herrliche Erinnerungen an die Strandtage, als ich aus einfachen Papiertütchen Garnelen gegessen habe – und atemberaubende Sonnenuntergänge den Abendhimmel über dem Arabischen Meer in ein magisches Licht tauchten.*

# JHINGA KURKURE

## Knusprige Knoblauchgarnelen »Bombay«

FÜR DIE MARINADE:
½ TL Kurkuma (Gelbwurz)
½ TL Chilipulver
½ TL Knoblauchpaste
Salz

600 g große rohe Garnelen, geschält und der Darm entfernt
Sonnenblumenöl zum Braten
6 EL Gries

1 Alle Zutaten für die Marinade mischen und die Garnelen vorsichtig unterheben. Beiseite stellen.

2 Das Öl in einer großen Bratpfanne erhitzen.

3 Die Garnelen im Gries wälzen und jeweils einige Garnelen gleichzeitig in das rauchend heiße Öl geben. Die Hitze reduzieren und die Garnelen auf jeder Seite einige Minuten braten, bis sie gar sind.

4 Aus der Pfanne heben und auf Küchenkrepp abtropfen lassen. Warm stellen, während die restlichen Garnelen gebraten werden.

5 Heiß servieren. Dazu passt ein knackiger grüner Salat oder weißer gekochter Reis mit Kreuzkümmel-Pfeffer-Curry (siehe Seite 106).

**Vorbereitungszeit: 5 Minuten + 15 Minuten zum Marinieren**

**Kochzeit: 15 Minuten**

*Obwohl es in den Küstengewässern von Meeresfrüchten nur so wimmelt, sind überall in Indien Garnelen die absoluten Favoriten. Einige Arten können bis zu 20 Zentimeter lang werden. Dieses Gericht sieht exotisch aus, ist überaus schmackhaft und hat so richtig Feuer. Schon ohne Beilagen ist es ein Genuss, Naan oder Roti aber ergänzen es vorzüglich, um damit die köstliche Koriandersauce aufzutunken.*

# JALPARI HARA MASALA

## Garnelen in grünen Kräutern

1 Die Zutaten für das Masala im Mixer zu einer glatten Masse pürieren. Beiseite stellen.

2 Das Öl im Wok erhitzen und die Kreuzkümmelsamen einstreuen.

3 Das grüne Masala zufügen und 1–2 Minuten braten.

4 Die Garnelen zugeben und salzen. Die Hitze reduzieren und weiter garen, bis die Garnelen gar sind. Falls nötig, etwas Wasser zufügen. Die Sauce sollte dick und glatt sein. Sofort servieren.

**Vorbereitungszeit: 10 Minuten   Kochzeit: 10 Minuten**

FÜR DAS GRÜNE MASALA:
1 Bund Korianderkraut
2 frische grüne Chilischoten
2 TL Ingwer-Knoblauch-Paste
Salz

2 EL Sonnenblumenöl
½ TL Kreuzkümmelsamen (Kumin)
600 g Riesengarnelen, geschält und der Darm entfernt
Salz

*Seinen Ursprung hat dieses Gericht in Südindien, das bekannt ist für seine unzähligen Kaffee- und Eukalyptusplantagen. Pfefferpflanzen schlingen sich die Bäume hinauf und erfüllen die Luft mit würzigen Aromen. Die pikante Note grüner Pfefferkörner (ich benutze die in Salzlake eingelegten) und die Schärfe des schwarzen Pfeffers verbinden sich in diesem Rezept zu einer unwiderstehlichen Geschmacksfülle.*

# JHINGA MIRIWALE

## Gebratene Tigergarnelen mit Pfeffer

1 Das Öl erhitzen, Chilis, schwarze Pfefferkörner und Anis einstreuen. Für 1 Minute unter Rühren braten.

2 Schalotten und Knoblauchpaste, dann Tomatenpüree und Salz zufügen und alles gut durchmischen.

3 Die Tigergarnelen zugeben und von allen Seiten anbraten.

4 Nun 4 EL Wasser zufügen und dünsten, bis die Garnelen gar sind.

5 Mit grünen Pfefferkörnern bestreuen und heiß servieren.

**Vorbereitungszeit: 10 Minuten Kochzeit: 10 Minuten**

2 EL Sonnenblumenöl
8 getrocknete rote Kaschmir-Chilischoten, halbiert
1 TL schwarze Pfefferkörner, zerstoßen
1 TL Anissamen
12 Schalotten, gehackt
1 TL Knoblauchpaste
1 EL Tomatenpüree
Salz
600 g Tigergarnelen, geschält und der Darm entfernt
1 EL eingelegte grüne Pfefferkörner

*Die heiter-lässige Atmosphäre der sonnenverwöhnten Strände von Goa scheint eingefangen in diesem Spießgericht. Kebabs sind überall im Land beliebt und werden an vielen Straßenständen angeboten. Die bunten Paprikaschoten geben dem Ganzen eine auffallende Farbe. Schneiden Sie Paprika und Zwiebeln in Stücke, die etwa so groß sind wie die Garnelen, und servieren Sie die Kebabs mit Roti und Salat.*

# JHINGA KEBAB

## Knusprige Garnelenspieße

1 Alle Zutaten für die Marinade vermischen und die Garnelen darin 15 Minuten ziehen lassen. Beiseite stellen.

2 Die Garnelen abwechselnd mit Paprika- und Zwiebelstücken auf Spieße stecken, sodass diese wie bunte Bänder aussehen. Mit Öl einpinseln und bei mittlerer Hitze unter dem Grill ca. 20 Minuten garen. Dabei mehrmals wenden. Heiß servieren.

**Vorbereitungszeit: 10 Minuten + 15 Minuten zum Marinieren**

**Kochzeit: 25 Minuten**

FÜR DIE MARINADE:
2 EL Zitronensaft
½ TL Kurkuma (Gelbwurz)
½ TL Chilipulver
½ TL Knoblauchpaste
Salz

600 g große rohe Garnelen, geschält und der Darm entfernt
150 g verschiedenfarbige Paprikaschoten, in große Stücke geschnitten
150 g Zwiebeln, in große Stücke geschnitten

8 Spieße

# MACCHI LAHSUNI

## Lachs mit Knoblauchbröseln (rechts)

1 Die Lachssteaks mit etwas Öl einpinseln, salzen und ca. 10 Minuten grillen.

2 In der Zwischenzeit das restliche Öl in einer Bratpfanne erhitzen. Semmelbrösel, Knoblauchpaste, Nüsse, Kurkuma und Zwiebelsalz zufügen. Unter ständigem Rühren braten, bis die Mischung eine goldbraune Farbe angenommen hat.

3 Die Mischung auf den Lachssteaks verteilen und sofort servieren.

**Vorbereitungszeit: 5 Minunten Kochzeit: 10 Minuten**

4 Lachssteaks
Salz
2 EL Sonnenblumenöl
100 g Semmelbrösel
¼ TL Knoblauchpaste
2 EL grob zerkleinerte Cashewkerne
½ TL Kurkuma (Gelbwurz)
Zwiebelsalz

# CHUTNEY NI MACCHI

## Scholle mit Minze-Chutney

1 Alle Zutaten für das Chutney im Mixer zu einer glatten Paste verarbeiten, bei Bedarf 1 EL Wasser zugeben.

2 Die Fischfilets mit Chutney einreiben und einzeln in Bananenblätter oder Folie einwickeln. 10 Minuten dämpfen (die Päckchen müssen nicht alle nebeneinander liegen).

3 In den Päckchen servieren. Beachten Sie aber, dass Bananenblätter nicht essbar sind! Dazu passen Reis und Linsen-Gemüse-Püree (siehe Seite 102).

**Vorbereitungszeit: 15 Minuten Kochzeit: 10 Minuten**

FÜR DAS CHUTNEY:
25 g frische Ananasminze
15 g frisches Korianderkraut
2 grüne Chilischoten
1 EL Ingwer-Knoblauch-Paste
½ TL Kurkuma (Gelbwurz)
3 EL weißer Malzessig
1 Prise Zucker
Salz
175 g Kokoscreme

8 Schollenfilets, mit Salz gewürzt

*Stellen Sie sich vor, Sie säßen am Strand mit einem Glas Bier, diesem Hummercurry und duftigem Reis – ein Traum! Mit seinem pikanten Geschmack ist es ein ideales Sonntagsessen, nach dem Sie sich auf jeden Fall eine Siesta gönnen sollten! Die Gegend um Konkan an der Westküste Indiens ist bekannt für ihre exotische Küche, vor allem weil sie Meeresfrüchte mit Zutaten wie Kokos, Mango und Kokum, einer sauren getrockneten Frucht, kombiniert.*

# KONKANI LOBSTER KADHI

## Hummercurry aus Konkan

1 1 EL Öl erhitzen und darin die Hälfte der Zwiebeln bräunen. Kokosflocken zugeben, umrühren und von der Kochstelle nehmen.

2 Mischung etwas abkühlen lassen und im Mixer zu einer Paste pürieren. Beiseite stellen.

3 Das restliche Öl erhitzen und darin die restlichen Zwiebeln glasig dünsten. Die Knoblauchpaste zufügen. Schnell umrühren, dann Tomatenpüree, Garam Masala, Kurkuma, Chilipulver und Salz einrühren und 300 ml heißes Wasser angießen. Zum Kochen bringen.

4 Den Hummer zufügen, wieder zum Kochen bringen. Anschließend die Hitze soweit reduzieren, dass das Ganze nurmehr leicht köchelt. Den Hummer in der Sauce etwa 5 Minuten erhitzen und mit gekochtem Reis servieren.

3 EL Sonnenblumenöl
2 mittelgroße Zwiebeln, in Scheiben geschnitten
4 EL Kokosflocken
2 EL Knoblauchpaste
1 EL Tomatenpüree
1 TL Garam-Masala-Pulver
½ TL Kurkuma (Gelbwurz)
½ TL Chilipulver
Salz
300 ml Wasser
600 g gekochter Hummer in der Schale, in Stücke zerteilt

Vorbereitungszeit: 10 Minuten Kochzeit: 15 Minuten

# BHUJANE

## Fisch süß-sauer

8 Fischfilets
1 TL Chilipulver
1 TL Kurkuma (Gelbwurz)
1 TL Knoblauchpaste
Salz
1 EL Tamarindenpaste oder -mark, in 2 EL Wasser aufgelöst
4 EL Sonnenblumenöl
4 große Zwiebeln, fein gehackt

1 Den Fisch in der Mischung aus Chili, Kurkuma, Knoblauchpaste, Salz und Tamarindensauce marinieren.

2 Das Öl in einer flachen Pfanne erhitzen und die Zwiebeln darin glasig dünsten.

3 Den Fisch zugeben und unter gelegentlichem Wenden bei sanfter Hitze garen (Kabeljau ca. 10 Minuten). Dabei keinesfalls zudecken.

**Vorbereitungszeit: 15 Minuten + 15 Minuten zum Marinieren Kochzeit: 10 Minuten**

# BHARLELI KALWA

## Gratinierte gefüllte Miesmuscheln

FÜR DAS GRÜNE MASALA:
150 g frisches Korianderkraut
2 EL Minzsauce (aus der Flasche)
1 TL Ingwer-Knoblauch-Paste
4 grüne Chilischoten
1 TL Garam-Masala-Pulver

2 EL Sonnenblumenöl
2 EL fein gehackte Zwiebel
2 EL fein gehackte Tomate
Salz
16 gekochte Miesmuscheln in der Schale
3 EL geriebener Käse, z. B. Cheddar, Edamer oder Gouda
Salatblätter und Zitronenspalten

1 Die Zutaten für das Masala im Mörser oder mit einem Rühstab zu einer glatten grünen Paste vermengen. Beiseite stellen.

2 Das Öl erhitzen und die Zwiebeln goldgelb braten. Tomaten und Salz unterziehen.

3 Die Masala-Paste zufügen und rühren, bis sich alles gut vermischt hat.

4 Ein wenig von dieser Mischung auf jede Muschel geben. Mit etwas Käse bestreuen und unter dem heißen Grill überbacken, bis der Käse gerade zu schmelzen beginnt.

5 Die gratinierten Muscheln auf einem Salatbett mit Zitronenspalten servieren.

**Vorbereitungszeit: 15 Minuten Kochzeit: 10 Minuten**

*Es überrascht ganz und gar nicht, dass sich die Menschen an Indiens Küsten hauptsächlich von den Schätzen des Meeres und von Reis ernähren. Dieses Rezept stammt aus dem westlichen Bundesstaat Maharashtra und wird von der Volksgruppe der Saraswati zubereitet.*

# TISRYA SUKKE

## Venusmuscheln mit Kokosflocken

1 Das Öl in einer Kasserolle erhitzen und die Zwiebeln darin goldgelb braten. Chilischoten, Ingwer-Knoblauch-Paste und Tomate zufügen und unter Rühren braten, bis alles weich ist.

2 Garam Masala, Kurkuma und Kokosflocken zugeben und gut vermischen.

3 Die Muscheln vorsichtig unterheben, salzen und heiß mit Roti servieren.

**Vorbereitungszeit: 10 Minuten Kochzeit: 5 Minuten**

3 EL Sonnenblumenöl
2 Zwiebeln, fein gehackt
2 grüne Chilischoten, der Länge nach halbiert
1 TL Ingwer-Knoblauch-Paste
1 mittelgroße Tomate, gehackt
1 TL Garam-Masala-Pulver
½ TL Kurkuma (Gelbwurz)
150 g Kokosflocken
300 g gekochte Venusmuscheln (geschälte Muscheln aus Dose oder Glas sind gut geeignet)
Salz

*Maach paturi, eine Komposition aus Fisch und Senf, ist eine Lieblingsspeise der Bengalen. Sie haben ein echtes Faible für ihre Meeresprodukte und schwören auf Fisch aus den Flüssen ihrer Region. Vor allem lieben sie Rohu und Hilsa – und wann immer sie unterwegs sind, schwärmen sie von den Delikatessen ihrer Heimat. Ich habe dieses Gericht ein wenig abwandelt, sodass es schnell und leicht zuzubereiten ist. Trotzdem schmeckt es noch genauso köstlich wie das Original, bei dem zum Garen Bananenblätter verwendet werden.*

# MAACH PATURI

## Bengalischer Fisch in Senfsauce

2 EL grober Senf (am besten Senf mit ganzen Körnern)
1 TL Kurkuma (Gelbwurz)
½ TL Chilipulver
Salz
2 EL Sonnenblumenöl
8 Kabeljaufilets oder Filets eines anderen festen weißfleischigen Fischs

1 Senf, Kurkuma, Chilipulver, Salz und Öl vermischen.

2 Mit dieser Paste die Fischfilets einreiben und auf ein gefettetes Backblech legen. Im vorgeheizten Backofen bei 190 °C (Gas Stufe 5) 10 Minuten backen.

3 Heiß mit Reis und süß-sauer Eingelegtem servieren.

**Vorbereitungszeit: 10 Minuten Kochzeit: 10 Minuten**

*Dieses Rezept aus dem Bundesstaat Karnataka ist das Richtige für alle, die einen »feuerfesten« Gaumen besitzen und es wagen, im indischen Restaurant ohne Zögern das schärfste Curry zu bestellen. Allerdings soll das Gericht nicht die Geschmacksknospen verätzen, es ist einfach eine Explosion aus Feuer und Aroma. Sollten Sie kein Kokosöl zur Hand haben, können Sie auch Sonnenblumenöl nehmen.*

# AMSHE TIKSHE

## Feuriges rotes Fischcurry

1 Die 20 (ja, wirklich!) Chilischoten mit Tamarindenmark und Knoblauch im Mixer zu einer feinen Paste pürieren. Salz und so viel Wasser zugeben, dass eine etwas dickflüssige Sauce entsteht.

2 Diese Mischung zum Kochen bringen und den Fisch zufügen. Leicht simmern lassen, bis der Fisch gar ist (bei Kabeljau dauert dies etwa 10 Minuten).

3 Das Öl über das Curry träufeln und heiß mit gekochtem Reis oder Papadam servieren.

**Vorbereitungszeit: 10 Minuten Kochzeit: 15 Minuten**

20 getrocknete rote Kaschmir-Chilischoten (möglichst viele Kerne herausschütteln!)
2 EL Tamarindenmark oder -paste
2 Knoblauchzehen
Salz
8 Kabeljaufilets oder Filets eines anderen festen weißfleischigen Fischs
1 EL Kokosöl

*In vielen fischreichen Regionen Indiens kombiniert man die Schätze des Meeres auf gesunde Weise mit Gemüse. Dies ist ein schnell und einfach zubereiteter Eintopf aus Bengalen, der gut zu weißem Reis passt. Wegen seines Fettgehalts isst man dieses Curry besonders gern in der Winterzeit. Finden Sie kein Senföl in asiatischen Spezialitätengeschäften, gelingt das Curry auch mit Sonnenblumenöl.*

# MACCHI TARKARI

## Fisch-Gemüse-Curry

1 Die Fischfilets mit dem Zwiebelsalz und der Hälfte des Kurkumas einreiben.

2 Das Öl in einer großen, schweren Bratpfanne erhitzen und den Fisch darin goldgelb braten. Beiseite stellen und warm halten.

3 Das verbleibende Kurkuma in das Öl einstreuen und schnell die Kartoffeln zugeben. Ca. 1–2 Minuten braten.

4 Den Blumenkohl dazutun, für einige Minuten mitgaren, dann Tomaten, Koriander und Kumin hinzugeben, alles gut durchbraten.

5 4 EL Wasser angießen, nach Geschmack salzen und erneut zum Kochen bringen.

6 Den Fisch abermals in die Pfanne geben, erhitzen und sofort servieren.

8 Kabeljaufilets oder Filets eines anderen festen weißfleischigen Fischs
Zwiebelsalz
1 TL Kurkuma (Gelbwurz)
100 ml Senföl
150 g Kartoffeln, gewürfelt
150 g Blumenkohlröschen
4 Tomaten, geviertelt
1 EL Korianderpulver
1 EL Kreuzkümmelpulver (Kumin)
Salz

**Vorbereitungszeit: 10 Minuten Kochzeit. 15 Minuten**

WER IN INDIEN FLEISCH ISST, LIEBT HUHN – und zieht es jedem anderen Geflügel vor. In Goa schätzt man auch feurige Entencurrys mit Essig und Kokos, andere Bundesstaaten sind bekannt für erstklassige Rezepte für Perlhuhn und Taube. Diese Vögel bringt man jedoch meist mit den einstigen Maharadschas in Verbindung. Die Potentaten verbrachten viel Zeit auf der Jagd *(shikar)* und erlegten in den Wäldern Wildgeflügel wie Pfauen oder Wachteln, die bevorzugt in Tonöfen gebraten wurden. Man marinierte das Federvieh in bis zu dreißig Gewürzen und garte es dann langsam über glühenden Kohlen.

Zu Indiens beliebtesten kulinarischen Exporten gehören Hühnercurrys wie Chicken Tikka Masala und Butterhühnchen. Es gibt kaum etwas Besseres als ein schlichtes Hähnchencurry mit Reis, um die Passion für indische Köstlichkeiten zu befriedigen, doch hat die Geflügelküche noch weit mehr zu bieten. In Großbritannien servieren viele Restaurants Balti-Huhn oder Huhn nach Madras-Art, was ich von zu Hause nicht kenne. Balti-Huhn muss seinen Ursprung wohl in dem klassischen Kadhai-Hühnchen haben. Balti nämlich bedeutet »Eimer«, aber jedes »Balti«, das mir begegnet ist, kam in einem indischen Wok *(kadhai)* auf den Tisch.

HUHN

*Unreife grüne Tomaten schmecken wunderbar herb und werden in der südindischen Küche viel verwendet. Häufig kocht man sie mit Kartoffeln als Beilage zu Fleisch. Diesem einfachen Hähnchengericht verleihen sie Farbe und ein einzigartiges Aroma.*

# MURGH HARA TAMATER

## Hähnchen mit grünen Tomaten

1 Die Zutaten für die Marinade mischen, die Hähnchenteile darin 15 Minuten marinieren.

2 In der Zwischenzeit 2 EL Öl im Wok erhitzen, dann den Kreuzkümmel einstreuen. Sobald er zu bräunen beginnt, die Zwiebeln zugeben und glasig dünsten.

3 Die grünen Tomaten und die Ingwerpaste zufügen und schmoren, bis alles weich und gut vermengt ist. Dann den Koriander einstreuen und salzen. Beiseite stellen.

4 Das verbleibende Öl in einer Bratpfanne erhitzen. Sobald es sehr heiß ist, die Hähnchenteile zugeben und nach Geschmack salzen. Unter Rühren braten, bis das Fleisch gar ist, bei Bedarf etwas Wasser angießen. Dies dürfte nicht länger als 15 Minuten dauern, das Fleisch sollte ziemlich trocken sein.

5 Jeweils eine Portion Hähnchenbrust mit einem Esslöffel des grünen Tomaten-Chutney servieren. Dazu passen am besten heißes Naan, ein Potpourri gedämpfter Gemüse und ein fruchtiger Salat wie etwa Fruit Chaat (siehe Seite 26).

Vorbereitungszeit: 20 Minuten + 15 Minuten zum Marinieren

Kochzeit: 30 Minuten

FÜR DIE MARINADE:
2 EL Zitronensaft
2 TL Ingwer-Knoblauch-Paste
½ TL grüne Chilipaste
Salz

600 g Hähnchenbrust ohne Haut, in 1 cm dicke Scheiben geschnitten
6 EL Sonnenblumenöl
¼ TL Kreuzkümmelsamen (Kumin)
150 g Zwiebeln, fein gehackt
150 g frische grüne Tomaten, gehackt
1 TL Ingwerpaste
1 TL fein gehacktes Korianderkraut
Salz

*Im westindischen Mangalore hat sich eine eigene Küche auf Kokosbasis entwickelt, die im ganzen Land beliebt ist. Das klassische Mangalore Gassi vereint das Chili-Feuer mit der Süße der Kokosnuss. Servieren Sie es mit Reis, wie es traditionell gegessen wird, oder geben Sie ihm mit Knoblauchbrot eine eher ungewöhnliche Nuance.*

# MANGALORE GASSI

## Kokos-Chili-Hähnchen

1 Die Hälfte des Öls im Wok erhitzen und die Zwiebeln darin bräunen.

2 Kokosflocken, Garam Masala und Ingwer-Knoblauch-Paste zufügen und weiter rühren, bis die Mischung eine dunkle Farbe annimmt. Von der Kochstelle nehmen, abkühlen lassen und dann im Mixer grob zerkleinern. Beiseite stellen.

3 Das verbleibende Öl im Wok erhitzen und die Hähnchenkeulen hineinlegen. Unter Wenden anbraten, dann Chili und Kurkuma einstreuen. Salzen.

4 Die Zwiebel-Kokos-Mischung zugeben, etwas Wasser angießen und die Hähnchenteile ca. 15 Minuten garen, bis sie durch sind.

5 Zum Schluss die Kokosmilch einrühren und erhitzen, aber nicht kochen lassen, da sie sonst gerinnt. Heiß servieren.

4 EL Sonnenblumenöl
150 g Zwiebeln, in Scheiben geschnitten
150 g Kokosflocken
1 TL Garam-Masala-Pulver
2 TL Ingwer-Knoblauch-Paste
600 g Hähnchenschlegel ohne Haut
¼ TL Chilipulver
¼ TL Kurkuma (Gelbwurz)
Salz
300 ml Kokosmilch

Vorbereitungszeit: 10 Minuten   Kochzeit: 20 Minuten

# MOONGPHALI KA MURG

## Gegrilltes Hähnchen mit Erdnuss-Sauce

4 Hähnchenbrustfilets ohne Haut
Zwiebelsalz
1 TL Knoblauchpaste
1 EL Tandoori-Masala-Pulver
2 EL Zitronensaft
Sonnenblumenöl zum Einpinseln

FÜR DIE SAUCE:
4 EL Erdnussbutter
6 EL Ananassaft
gehacktes Korianderkraut nach Geschmack

1 Die Hähnchenbrustfilets mit einer Mischung aus Zwiebelsalz, Knoblauchpaste, Tandoori Masala und Zitronensaft einreiben. Anschließend mit Öl einpinseln und unter dem Grill bei mittlerer Hitze 20 Minuten garen, dabei ein Mal wenden.

2 Für die Sauce Erdnussbutter und Ananassaft in einer kleinen Kasserolle mischen und unter Rühren langsam zum Kochen bringen. Von der Kochstelle nehmen und mit Koriander bestreuen.

3 Die Hähnchenbrüste mit der Erdnuss-Sauce überziehen (oder Sauce in einer Schüssel reichen).

Vorbereitungszeit: 10 Minuten Kochzeit: 20 Minuten

# KALI MIRCH MURG

## Hähnchencurry mit schwarzem Pfeffer

2 EL Sonnenblumenöl
1 Lorbeerblatt
4 Gewürznelken
1 TL schwarze Pfefferkörner, grob zerstoßen
2 TL Ingwer-Knoblauch-Paste
600 g Hähnchenfleisch, gewürfelt
½ TL Kurkuma (Gelbwurz)
½ TL Chilipulver
Salz
300 ml Naturjoghurt, durchgerührt

1 Öl im Wok erhitzen. Lorbeer, Nelken und Pfeffer einrühren, Ingwer-Knoblauch-Paste zugeben.

2 Nach ca. 30 Sekunden das Hähnchenfleisch zufügen und unter die Gewürze mischen.

3 Kurkuma, Chilipulver und Salz zugeben. Das Hähnchen im eigenen Saft garziehen lassen.

4 Zum Schluss den Joghurt unterrühren. Erhitzen, abschmecken und servieren.

Vorbereitungszeit: 10 Minuten Kochzeit: 20 Minuten

*Kaschmir, der wunderschöne Himalaja-Bundesstaat in Nordindien, ist überreich an Pinien. Die Kerne gehen an die Märkte im ganzen Land und werden für viele süße und herzhafte Speisen verwendet. Die Garnitur dieses Gerichts ist recht außergewöhnlich und beschwört Bilder von Gelagen bei den Maharadschas herauf. Das noble und doch einfache Hähnchengericht lässt sich gut im Voraus zubereiten und wird erst kurz vor dem Essen aufgewärmt.*

# MURGH NIYOZA

## Hähnchen mit Pinienkernen

3 EL Sonnenblumenöl
2 getrocknete rote Kaschmir-Chilischoten
2 TL Ingwer-Knoblauch-Paste
1 mittelgroße Zwiebel, gehackt
1 TL Garam-Masala-Pulver
1 TL Kurkuma (Gelbwurz)
Salz
600 g gekochtes Hähnchenfleisch, zerpflückt
2 EL fettfrei geröstete Pinienkerne
2 EL Korinthen
1 Hand voll Minzeblätter, gehackt

1 Das Öl erhitzen. Zuerst die Chilischoten zugeben, dann die Ingwer-Knoblauch-Paste einrühren.

2 Die Zwiebeln zufügen und glasig dünsten. Dann Garam Masala, Kurkuma und Salz zugeben und gut durchrühren.

3 Das zerpflückte Hähnchenfleisch untermischen und erhitzen.

4 Mit Pinienkernen, Korinthen und gehackter Minze bestreuen und heiß mit Roti servieren.

**Vorbereitungszeit: 15 Minuten Kochzeit: 10 Minuten**

*Indiens Größe spiegelt sich in seiner unendlich vielfältigen Küche. Im Ausland mag man sich manchmal wundern, dass Rezepte, die man eigentlich der westlichen Küche zuschreibt, im Osten nahe Verwandte haben – wie bei diesem leckeren Gericht aus Nordindien. Das Originalrezept stammt aus der Küche der Mogul-Herrscher von Delhi. Das Gericht wird mit erntefrischen Trauben aromatisiert und gern als feines Essen für Freunde gereicht. Man kann dem Ganzen einen farblich interessanten Akzent geben, indem man blaue und grüne Trauben mischt. Dazu passen ein Reis-Pulao (Pilaw) und Pikantes Kartoffelpüree mit Zwiebeln (siehe Seite 84).*

# MURGH ANGOORI

## Weißes Hähnchencurry mit grünen Trauben

2 EL Sonnenblumenöl
1 mittelgroße Zwiebel, in Scheiben geschnitten
1 EL Ingwer-Knoblauch-Paste
2 grüne Chilischoten, längs halbiert
1 TL Garam-Masala-Pulver
Salz
600 g Hähnchenfleisch ohne Knochen, in Würfel geschnitten
150 ml Naturjoghurt, durchgerührt
150 ml Kokosmilch
15 g kernlose grüne Trauben, halbiert

1 Das Öl erhitzen und die Zwiebelscheiben darin glasig dünsten.

2 Ingwer-Knoblauch-Paste und Chilischoten einrühren, dann Garam Masala und Salz zufügen.

3 Das Hähnchenfleisch zugeben und von allen Seiten anbraten.

4 Joghurt und Kokosmilch angießen, sanft erhitzen und das Hähnchen darin garziehen lassen. Bei Bedarf etwas Wasser angießen, sodass eine glatte Sauce entsteht.

5 Erst im letzten Moment die Trauben zufügen, damit sie ihre knackige Süße behalten. Heiß servieren.

Vorbereitungszeit: 15 Minuten   Kochzeit: 15 Minuten

*Dieses vorzügliche Gericht aus Delhi passt gut zu Reis-Pulao (Pilaw) oder Roti. Früher kochte man es mit geklärter Butter (ghee), doch entscheiden sich heutzutage immer mehr Menschen für einfachere Formen der Zubereitung und gesündere Zutaten. Bei einem Murgh malai nach dem folgenden Rezept runden Käse, Sahne und ein Hauch Chilischärfe den zarten Geschmack des Hähnchens wunderbar ab.*

# MURGH MALAI

## Sahnehähnchen

- 3 EL Sonnenblumenöl
- 1 EL Ingwer-Knoblauch-Paste
- 2 frische grüne Chilischoten, fein gehackt
- 600 g Hähnchenfleisch ohne Knochen, in Würfel geschnitten
- Salz
- 4 EL Cashewkerne, mit etwas Wasser zu einer Paste püriert
- ¼ TL gemahlene Muskatnuss
- 150 ml griechischer Joghurt
- 100 ml Crème double
- 3 EL geriebener Käse, z. B. Cheddar, Edamer oder Gouda

1 Das Öl erhitzen und die Ingwer-Knoblauch-Paste 1 Minute braten.

2 Chilischoten, Hähnchenfleisch und Salz zufügen und unter Rühren braten, bis das Hähnchen fast gar ist. Bei Bedarf etwas Wasser angießen.

3 Cashewpaste und Muskatnuss untermischen. Wenn das Ganze zu kochen beginnt, Joghurt und Crème double einrühren. Erhitzen und je nach gewünschter Konsistenz noch etwas Wasser zufügen.

4 Mit Käse bestreuen und heiß servieren.

**Vorbereitungszeit: 15 Minuten Kochzeit: 15 Minuten**

*Kardamom gilt als »wärmendes« Gewürz und daher ist dieses Rezept ideal für die Winterzeit. Kaufen Sie von dem Pulver immer nur kleine Mengen, da es schnell sein Aroma verliert. Besser nimmt man ganze Kapseln: Sie halten sich länger und – nach Bedarf im Mörser zerkleinert – duften sie verführerisch und frisch. Kardamom wird nicht zuletzt für viele Süßspeisen verwendet und ist deshalb ein sehr vielseitiges Gewürz. Sogar Indischer Gewürztee (siehe Seite 145) enthält meist ein wenig davon.*

# ELAICHI MURGH

## Hähnchen mit Kardamom

1 Das Öl erhitzen und das Kardamompulver – bis auf eine Prise – darin leicht bräunen.

2 Hähnchenfleisch und Salz zufügen, das Fleisch von allen Seiten anbraten.

3 Gewürze und Tomatenpüree zugeben und gut untermischen.

4 Den Joghurt und 150 ml Wasser angießen. Zum Kochen bringen, Hitze reduzieren und so lange köcheln lassen, bis das Hähnchen gar ist.

5 Mit Kardamom bestreuen und heiß mit Reis oder Roti servieren.

3 EL Sonnenblumenöl
1 TL Kardamompulver
600 g Hähnchenfleisch ohne Knochen, gewürfelt
Salz
1 TL Chilipulver
1 TL Kurkuma (Gelbwurz)
2 TL Tomatenpüree
150 ml Naturjoghurt

**Vorbereitungszeit: 10 Minuten**

**Kochzeit: 20 Minuten**

*Indien ist der weltgrößte Chiliproduzent. Es ist also kein Wunder, dass wir die scharfen Schoten für jedes herzhafte Gericht schätzen. Dies hier ist die Variation eines nordindischen Rezeptes. Die Chilimenge können Sie ganz nach Geschmack variieren. Nüsse oder Mandeln werden oft mit Hähnchen kombiniert, um der Speise Konsistenz und Geschmack zu verleihen. Servieren Sie das Gericht mit Rote-Bete-Raita (siehe Seite 37) für einen verblüffenden Kontrast der Farben.*

# TIKHI MURGH BADAMI

## Hähnchen mit Chili-Mandel-Sauce

8 Hähnchenschlegel ohne Haut
450 ml Hühnerbrühe
4 frische grüne Chilischoten
½ TL Knoblauchpaste
2 Scheiben Weißbrot ohne Rinde
75 g Mandeln
3 EL gehacktes Korianderkraut
Salz
2 EL Zitronensaft
gekochter Reis zum Servieren

1 Die Hähnchenschlegel in der Brühe zum Kochen bringen und sanft köchelnd garen. Aus der Brühe nehmen und warm stellen.

2 In der Zwischenzeit Chilischoten, Knoblauchpaste, Brot, Mandeln und Koriander mit etwas Wasser im Mixer pürieren.

3 Diese Mischung in eine schwere Pfanne gießen, Salz zufügen und simmern lassen, bis die Sauce gleichmäßig eingedickt ist.

4 Zum Servieren die Hähnchenschlegel auf einem Reisbett anrichten, die Sauce darüber gießen und mit Zitronensaft beträufeln.

Vorbereitungszeit: 15 Minuten Kochzeit: 15 Minuten

# KOZHI CHETTINAD DOSA

## Pikantes Hähnchen in Pfannkuchen

1 Zuerst die Füllung zubereiten: Öl erhitzen, Kreuzkümmel und Anis zufügen. Sobald sie dunkel werden, die Curryblätter und anschließend die Zwiebeln zugeben, diese weich dünsten; dann Ingwer-Knoblauch-Paste einrühren.

2 Gewürze, zerpflücktes Hähnchenfleisch und Salz untermischen. Gut erhitzen und beiseite stellen.

3 Aus Reismehl, Salz und der nötigen Menge Wasser einen dickflüssigen Teig bereiten.

4 Eine beschichtete Pfanne mit Öl einpinseln und einen Schöpflöffel Teig in die Mitte geben. Den Teig mit dem Löffelrücken zu einem dünnen Pfannkuchen verstreichen.

5 Zudecken und bei schwacher Hitze backen. Etwas von der Hähnchenmischung in der Mitte des Pfannkuchens verteilen, aufrollen und warm halten. Mit dem restlichen Teig und der Füllung genauso verfahren.

3 EL Sonnenblumenöl
1 TL Kreuzkümmelsamen
1 TL Anissamen
8 Curryblätter
2 mittelgroße Zwiebeln, gehackt
1 EL Ingwer-Knoblauch-Paste
½ TL Chilipulver
1 TL Garam-Masala-Pulver
300 g gekochtes Hähnchenfleisch, zerpflückt
Salz

PFANNKUCHENTEIG (für etwa 12 Pfannkuchen):
300 g Reismehl
Salz
Sonnenblumenöl zum Einfetten der Pfanne

*Dies ist das klassische Hähnchencurry, wie es in jedem Haushalt zubereitet wird. Die Komposition aus Hähnchen und Tomate ist pure Magie. Manchmal variiert man den Geschmack mit einer gekochten, geviertelten Kartoffel. Aufwerten können Sie das Rezept mit etwas Sahne, Nüssen oder Trockenfrüchten wie Aprikosen oder Pfirsichen.*

# LAL TAMATAR MURGH

## Hähnchencurry mit Tomaten

1 Das Öl in einer Kasserolle erhitzen und die Zwiebeln darin weich dünsten.

2 Die Ingwer-Knoblauch-Paste einrühren, dann das Hähnchenfleisch zugeben und von allen Seiten anbraten.

3 Dann Kurkuma, Garam Masala und Salz einstreuen, gut untermischen.

4 Tomaten zugeben und alles zum Kochen bringen. Dann die Hitze reduzieren und köcheln lassen, bis das Fleisch gar ist. Bei Bedarf etwas Wasser angießen.

5 Mit Korianderkraut bestreuen und heiß servieren. Schmeckt herrlich zu Reisnudeln, die man mit gehacktem Korianderkraut vermischt.

**Vorbereitungszeit: 15 Minuten Kochzeit: 20 Minuten**

3 EL Sonnenblumenöl
1 mittelgroße Zwiebel, gehackt
1 EL Ingwer-Knoblauch-Paste
600 g ganze Hühnerbrüste ohne Haut
½ TL Kurkuma (Gelbwurz)
1 TL Garam-Masala-Pulver
Salz
400 g gehackte Tomaten (Dose)
2 EL gehacktes Korianderkraut

*Die kulinarischen Traditionen der muslimischen Nawab, die in der nordindischen Stadt Lucknow ihr Herrschaftszentrum hatten, inspirierten dieses besondere Gericht. Die Nawab aromatisierten ihre Fleischspeisen mit den verschiedensten Frucht- und Blütenessenzen wie Rose, Jasmin, Vetiver oder Pandanus (Schraubenbaum). Obwohl sehr einfach zuzubereiten, beschwört das Hähnchen Bilder von königlichen Banketten und dem Glanz von Edelsteinen und Brokat herauf. Genießen Sie es mit Roti.*

# SAFAID MURGH GULABI

## Hähnchen mit Rosenaroma

- 3 EL Sonnenblumenöl
- 600 g Hähnchenschlegel ohne Haut
- 150 ml Naturjoghurt, durchgerührt
- 1 EL Ingwerpulver
- 2 frische grüne Chilischoten, fein gehackt
- Salz
- ½ TL Kardamompulver
- 3 EL Mandelpulver
- 150 ml Crème double
- ½ TL Rosenessenz

1 Das Öl in einer großen, schweren Pfanne erhitzen und die Hähnchenschlegel darin von allen Seiten leicht anbraten.

2 Joghurt, Ingwer, Chilischoten, Salz und Kardamom zufügen. Zudecken und simmern lassen, bis das Hähnchenfleisch weich ist.

3 Das Mandelpulver unterrühren und einige Minuten weiterköcheln lassen, bei Bedarf noch etwas Wasser zugeben. Von der Kochstelle nehmen.

4 Crème double und Rosenessenz erst ganz kurz vor dem Servieren unterrühren.

**Vorbereitungszeit: 15 Minuten   Kochzeit: 20 Minuten**

FAST 85 PROZENT DER INDER SIND HINDUS und viele von ihnen leben vegetarisch, da ihre Religion alle Formen des Lebens respektiert. Kein Hindu isst Fleisch an Feiertagen oder Hochzeiten, wohingegen Muslime, Zoroastrier und Christen an solchen Tagen fleischreich schlemmen. Sie bevorzugen meist Lamm, nur wenige wählen Rind oder Schwein.

Es gibt unendlich viele Zubereitungsarten für Lammfleisch: als Kebabs, in Currys oder in den verschiedensten Hackbällchen. Bei traditionellen Currys können bis zu fünfundzwanzig verschiedene Gewürze Verwendung finden, stundenlanges Köcheln entlockt jedem einzelnen sein Optimum an Geschmack, Duft und Feuer. Dank fertiger Gewürzmischungen, besserer Fleischverarbeitungsmethoden, die das Fleisch schneller garen lassen, und gesünderer Öle können Köche heute in sehr viel kürzerer Zeit nahrhafte und authentische Genüsse zaubern. Ich bereite meine Fleischcurrys meistens einen Tag vorher zu, da sie aufgewärmt viel besser schmecken. Außerdem koche ich sie im Dampfkochtopf, was die Kochzeit erheblich verkürzt. Ich weiß, dass diese Schnellkochtöpfe in den westlichen Ländern nicht mehr so gefragt sind, aber in Indien hat jeder Haushalt gleich mehrere und in der Regel werden sie auch jeden Tag benutzt.

LAMM

# MUTTONCHA PANDHRA RASSA

## Lamm in Cashew-Sauce

600 g mageres Lammfleisch ohne Knochen

FÜR DIE MARINADE:
150 ml Naturjoghurt
3 TL Ingwer-Knoblauch-Paste
1 TL fein gehackte grüne Chilischoten
Salz

3 EL Sonnenblumenöl
2 große Zwiebeln, gerieben, Saft ausgedrückt
½ TL Korianderpulver
½ TL Kreuzkümmelpulver (Kumin)
½ TL Garam-Masala-Pulver
125 ml Fleischbrühe
250 g Cashewkerne, zu einer Paste verarbeitet
125 ml Kokosmilch

1 Das Lammfleisch in Streifen schneiden. Die Zutaten für die Marinade mischen und das Lamm darin 15 Minuten ziehen lassen.

2 Das Öl im Wok erhitzen, die geriebenen Zwiebeln zugeben und unter Rühren braten, bis sie Farbe annehmen. Gewürze zufügen.

3 Die Lammstreifen aus der Marinade nehmen, in den Wok geben und von allen Seiten scharf anbraten.

4 Die Marinade und die Fleischbrühe angießen und zum Kochen bringen. Dann die Hitze reduzieren und alles zusammen köcheln lassen, bis das Fleisch gar ist.

5 Die Cashew-Paste und die Kokosmilch einrühren. Erhitzen.

6 Heiß auf einem Bett aus Reisnudeln servieren, nach Wunsch mit roten Chilis garnieren. (Man kann aus den Chilischoten Blüten formen, indem man jede Schote von der Spitze bis fast zum Stielende etwa sechsmal einschneidet. Dann die Schoten rund 20 Minuten in eiskaltes Wasser legen – und sie rollen sich zu »Blüten« auf.)

**Vorbereitungszeit: 25 Minuten + 15 Minuten zum Marinieren   Kochzeit: 30 Minuten**

*Dies ist ein klassisches Rezept aus dem Bundesstaat Kaschmir im Himalaja. Historisch war das Gebiet für viele Invasoren aus Zentralasien die Eingangspforte nach Indien und daher spiegelt die Kaschmir-Küche den Einfluss vieler unterschiedlicher Esskulturen wider. Traditionell nimmt man dort zum Kochen Senföl oder geklärte Butter (ghee); ich habe mich jedoch wegen seines milderen Geschmacks für Sonnenblumenöl entschieden, um das Aroma der Gewürze besser zur Geltung zu bringen.*

# CHOKHTA

## Lamm nach Kaschmir-Art

- 600 g mageres Lammfleisch ohne Knochen, in Würfel geschnitten
- 4 EL Sonnenblumenöl
- Salz
- ½ TL Asant (Asafoetida-Pulver)
- 1 TL Chilipulver
- 1 TL Ingwerpulver

1 Lammfleisch, Sonnenblumenöl, Salz und Asant in eine schwere Pfanne geben und erhitzen, bis es zischt.

2 Zudecken und bei großer Hitze schmoren, dabei von Zeit zu Zeit umrühren.

3 Wenn das Öl sich abzusetzen beginnt, die Hitze reduzieren, das Chilipulver zugeben und weiter schmoren, bis alles eine tiefbraune Farbe angenommen hat.

4 Den Ingwer und etwas Wasser zufügen und weiterkochen, bis das Fleisch weich ist. Heiß mit Roti servieren.

Vorbereitungszeit: 5 Minuten   Kochzeit: 40 Minuten

# RISHTA

## Fleischklößchen mit Fenchel (rechts)

500 g mageres Lammhack
½ TL Ingwerpulver
1 TL Fenchelpulver
Salz
1 EL Kurkuma (Gelbwurz)
1 TL Garam-Masala-Pulver
1 TL Chilipulver
3 EL Sonnenblumenöl

1 Lammhack, Ingwerpulver, die Hälfte des Fenchelpulvers und Salz im Mixer zu einer glatten Masse verarbeiten. Diese zu limonengroßen Bällchen formen und beiseite stellen.
2 Kurkuma, Garam Masala, Chilipulver und das restliche Fenchelpulver in einer Kasserolle mit 300 ml Wasser zum Kochen bringen. Das Öl angießen und salzen.
3 Die Fleischbällchen vorsichtig in die Sauce legen und kochen, bis sie gar sind. Bei Bedarf noch etwas Wasser angießen und die Bällchen regelmäßig mit der Sauce übergießen, damit sie Geschmack annehmen. Die Fleischbällchen sollten von einer dicklichen Sauce überzogen sein, nicht in einer dünnen Brühe schwimmen. Heiß mit Reis oder Nudeln servieren.

**Vorbereitungszeit: 15 Minuten Kochzeit: 15 Minuten**

# LIVER KI KHATTI KADHI

## Herzhaftes Lebercurry

3 EL Sonnenblumenöl
¼ TL Asant (Asafoetida-Pulver)
600 g Lammleber, gewürfelt
Salz
1 TL Chilipulver
1 TL Anispulver
½ TL Ingwerpulver
½ TL Garam-Masala-Pulver
2 EL Tamarindenmark, mit etwas Wasser verdünnt

1 Das Öl erhitzen und Asant einstreuen. Sofort die Leber zufügen, salzen und durchrühren.
2 Das Chilipulver mit einigen Esslöffeln Wasser mischen und in die Pfanne geben. Dann Anis, Ingwer und Garam Masala einrühren. 150 ml Wasser angießen und zum Kochen bringen.
3 Das Tamarindenmark zugeben und kochen, bis die Leber durch ist. Heiß mit Roti servieren.

**Vorbereitungszeit: 10 Minuten Kochzeit: 20 Minuten**

*Zum Erbe der britischen Kolonialherrschaft gehört auch eine ganz eigene Art der Küche – eine einzigartige Verschmelzung von Ost und West. Pasteten, Windbeutel und Aufläufe, aromatisiert mit heimischen Gewürzen und Kräutern, werden noch immer überall in Indien zubereitet und in Bäckereien oder im Straßenverkauf feilgeboten. Dieser Lammauflauf ist ausgesprochen einfach und schmeckt dennoch traumhaft gut. Ich koche es oft für Partys mit sehr vielen Gästen. Herrlich ist auch die vegetarische Variante ohne das Hackfleisch.*

# ANGREZI KEEMA BAKE

## Lamm-Kartoffel-Auflauf

1 Die Kartoffelscheiben in Salzwasser fast gar kochen. Abgießen und beiseite stellen.

2 Das Öl erhitzen und die Zwiebeln darin weich dünsten. Knoblauch und Piment unterrühren.

3 Lammhack und Salz zugeben. Das Fleisch unter Rühren zerteilen und 10 Minuten braten.

4 Die Hälfte der Kartoffeln in eine gebutterte ofenfeste Form schichten und salzen. Mit der Fleischmischung bedecken, dann eine Schicht Käse auflegen. Nun den Rest der Kartoffeln in die Form schichten und den übrigen Käse darauf verteilen.

5 Die Sahne darüber gießen, sodass sie in alle Schichten sickert.

6 Im vorgeheizten Backofen bei 220 °C (Gast Stufe 6) 10 Minuten überbacken. Sofort mit Beerensalat (siehe Seite 32) und knusprigem Brot servieren.

750 g Kartoffeln, geschält und in dicke Scheiben geschnitten
1 EL Sonnenblumenöl
1 mittelgroße Zwiebel, gehackt
1 Knoblauchzehe, zerdrückt
1 TL Pimentpulver (Nelkenpfeffer)
250 g mageres Lammhackfleisch
Salz
250 g geriebener Käse (Parmesan, Cheddar, Edamer oder Gouda; ich verwende gern Reblochon: besonders lecker!)
150 ml süße Sahne

**Vorbereitungszeit: 10 Minuten Kochzeit: 25 Minuten**

*Dieses einfache Curry bereite ich für meine Familie zu, wenn ich so richtig faul bin und meinen Lieben dennoch einen vollwertigen Gaumenschmaus zaubern möchte.*

# ITWAR MUTTON CURRY

## Sonntags-Lammcurry

1 Das Öl im Wok erhitzen. Die Zwiebeln zufügen und unter Rühren anbraten, bis sie etwas Farbe angenommen haben. Dann Knoblauch- und Ingwerpaste gut unterrühren.

2 Das Lammfleisch zufügen und bei großer Hitze rundherum scharf anbraten.

3 Das Tomatenpüree zugeben. Das Garam-Masala-Pulver mit etwas Wasser mischen und in die Masse einrühren. Ein Glas Wasser angießen und bei schwacher Hitze simmern lassen, bis das Fleisch weich ist. Bei Bedarf noch etwas Wasser nachgießen.

4 Den Joghurt glatt rühren, zum Curry geben und aufkochen lassen. Heiß auf einem Reisnudel-Bett (sehr beliebt in Südindien) oder mit Naan servieren.

3 EL Sonnenblumenöl
2 große Zwiebeln, gehackt
2 TL Knoblauchpaste
2 TL Ingwerpaste
600 g mageres Lammfleisch ohne Knochen, in Streifen geschnitten
2 EL Tomatenpüree
2 gehäufte TL Garam-Masala-Pulver
150 ml Naturjoghurt
Salz

**Vorbereitungszeit: 10 Minuten   Kochzeit: 30 Minuten**

*Die Volksgruppe der Sindhi wanderte vor vielen Jahrzehnten aus Pakistan nach Indien und brachte eine Küche mit, die inzwischen weit verbreitet ist. Sie strotzt vor ungewöhnlichen Kombinationen und ist dennoch harmonisch. Karamell vermittelt in diesem Rezept eher Farbe und Geschmack als Süße. Servieren Sie das reichhaltige Curry mit einem bunten Gemüse-Pulao (siehe Seite 121) oder sogar mit Croissants! (In Indien isst man zu Currys oft weiches Brot.)*

# ALOO MUTTON SHAKKARWALA

## Curry aus karamellisiertem Lamm und Kartoffeln

FÜR DIE MARINADE:
150 ml Naturjoghurt
½ TL Kurkuma (Gelbwurz)
½ TL Chilipulver
1 TL Garam-Masala-Pulver
Salz

300 g mageres Lammfleisch ohne Knochen, in Würfel geschnitten
2 TL Zucker
4 EL Sonnenblumenöl
1 mittelgroße Zwiebel, gehackt
1 EL Ingwer-Knoblauch-Paste
2 EL Tomatenpüree
4 Kartoffeln, geschält und geviertelt

1 Alle Zutaten für die Marinade mischen und das Lamm darin zugedeckt 10 Minuten marinieren.

2 Eine schwere Pfanne erhitzen und den Zucker darin karamellisieren lassen.

3 Das Öl zufügen und erhitzen. Dann das abgetropfte Lammfleisch zugeben. Die Marinade aufheben.

4 Das Fleisch rundherum anbraten, anschließend die Zwiebel zufügen und ebenfalls unter Rühren bräunen. Ingwer-Knoblauch-Paste und Tomatenpüree, dann die Kartoffeln und die Marinade zugeben. 150 ml kochendes Wasser angießen und weiter kochen, bis Fleisch und Kartoffeln weich sind. Falls das Curry zu trocken wird, etwas Wasser nachgießen.

**Vorbereitungszeit: 15 Minuten + 10 Minuten zum Marinieren**

**Kochzeit: 40 Minuten**

*Dieses Rezept kam durch die Zoroastrier nach Indien und gehört heute zu den vollkommen alltäglichen Gerichten des Landes. Die Fleischbällchen kommen entweder zusammen mit einem Curry und Reis auf den Tisch oder werden als eigenständiges Gericht einfach nur mit Salat oder Raita genossen. Ich serviere sie gern auch vor dem Essen zu Drinks. Wenn Sie das tun wollen, dann machen Sie die einzelnen Bällchen etwas kleiner.*

# LACY CUTLETS

## Lammhackbällchen in Ei gebraten

300 g mageres Lammhackfleisch
1 mittelgroße Zwiebel, gehackt
1 TL Ingwer-Knoblauch-Paste
2 Scheiben dunkles Brot
2 grüne Chilischoten
1 TL Garam-Masala-Pulver
Salz
2 EL gehacktes Korianderkraut
Sonnenblumenöl zum Braten
3 mittelgroße Eier, verquirlt und gesalzen
Zitronenspalten und Birnen-Chutney (siehe Seite 153) zum Anrichten

1 Lammhack mit Zwiebel, Ingwer-Knoblauch-Paste, Brot, Chilischoten, Garam Masala, Salz und Korianderkraut im Mixer zu einer homogenen Masse verarbeiten.

2 Die Fleischmischung zu limonengroßen länglichen Bällchen formen.

3 Das Öl in einer tiefen Bratpfanne erhitzen. Die Fleischlaibchen in verquirltem Ei wenden und braten, bis sie gar sind.

4 Mit Zitronenspalten und Birnen-Chutney servieren.

Vorbereitungszeit: 15 Minuten Kochzeit: 15 Minuten

*Eigentlich ist dieses Rezept aus Andhra Pradesh für ein Curry gedacht, doch habe ich ihm durch Lammsteaks und geröstete Paprikaschoten einen neuen, fast mediterranen Charakter gegeben. Minze und Paprika ergänzen den Geschmack des Lamms ganz fantastisch und oft reiche ich das Gericht mit Couscous, unter den ich ein wenig Minze mische.*

# MUTTON SIMLA MIRCH

## Lammsteaks mit gerösteten Paprikaschoten

50 g Knoblauchbutter
2 EL Sonnenblumenöl
4 Lammsteaks von der Keule
½ TL Chilipulver
½ TL Kurkuma (Gelbwurz)
1 TL Minzblätter, gehackt
Salz
300 g geröstete Paprikastreifen aus dem Glas, abgegossen

1 Knoblauchbutter und Öl zusammen erhitzen und darin die Lammsteaks auf jeder Seite 4 Minuten braten. Chili, Kurkuma, Minze sowie Salz zugeben und unterrühren.

2 300 ml Wasser angießen und zum Kochen bringen. Dann die Hitze reduzieren und köcheln lassen, bis das Fleisch weich und das Wasser verdampft ist. Die Paprikastreifen zugeben und heiß werden lassen.

3 Heiß mit Zitronenspalten servieren.

**Vorbereitungszeit: 10 Minuten Kochzeit: 40 Minuten**

*In Indien verwendet man echtes Blattgold und -silber, beides Varq genannt, um Süßigkeiten und reichhaltige Reisgerichte wie Biryani zu verzieren. Die Dekoration ist nicht teuer, da sie aus nur einer winzigen Menge Metall ausgewalzt wird. Sie finden die glitzernden Kostbarkeiten in indischen Lebensmittelgeschäften als hauchdünne Blättchen, die zwischen Pergamentpapier gepresst werden. Dieses Gericht, inspiriert von der Jagdküche der Maharadschas, erfährt seine Krönung durch Blattgold, um Glanz und Noblesse zu vermitteln.*

# MUTTON SONAWALA

## Lamm mit Blattgold

3 EL Ghee (Butterschmalz) oder ungesalzene Butter
600 g mageres Lammfleisch, in Würfel geschnitten
1 TL Chilipulver
1 TL Kurkuma (Gelbwurz)
2 TL Ingwer-Knoblauch-Paste
300 ml griechischer Joghurt
Salz
2 EL Rosenwasser
1 Lage Blattgold (oder Blattsilber)

1 Ghee oder Butter in einer schweren Pfanne erhitzen. Wenn Sie Butter verwenden, die Feuchtigkeit verdampfen lassen, ohne die Butter zu verbrennen.

2 Fleisch, Chili, Kurkuma, Ingwer-Knoblauch-Paste, Joghurt und Salz hineingeben und zum Kochen bringen. Dann die Hitze reduzieren und simmern lassen, bis das Fleisch weich ist. Falls das Curry zu trocken wird, etwas Wasser angießen. Es soll eine sehr sämige Sauce entstehen.

3 Das Rosenwasser unterrühren.

4 Mit Blattgold oder -silber garnieren und heiß servieren. Dazu passen am besten Joghurtbrot (siehe Seite 129) und Rote-Bete-Raita (siehe Seite 37).

**Vorbereitungszeit: 10 Minuten Kochzeit: 45 Minuten**

Wie schnell verfliegen auf einem Gemüsemarkt die Stunden, wenn man einfach nur genüsslich Farben, Düfte und das quirlige Leben in sich aufnimmt. In den vergangenen Jahren kam zu den heimischen Gemüsen eine erstaunliche Anzahl neuer Sorten hinzu, die jetzt im ganzen Land angebaut werden. Da findet man neben Kartoffeln, Tomaten, Okras, Spinat, Koriander, Minze, Zitronengras, Auberginen, Bananenblüten, Bohnen, Durian (Stinkfrüchten), Kürbissen und Kochbananen heute auch Pilze, Babymais, bunt gemischte Paprikaschoten, Blattsalat und Brokkoli, die in Indien als exotisch und vornehm gelten.

Supermärkte halten für Berufstätige geputzte Karotten, Blumenkohlröschen oder tiefgefrorene Gartenerbsen bereit – und die Inder greifen mit Begeisterung nach küchenfertigen Lebensmitteln. Auch die Industrie kommt dem Wunsch, weniger Zeit in der Küche zu verbringen, entgegen und liefert Ingwer-Knoblauch-Paste, Früchtepürees und gemahlene Nüsse. Frischen Paneer-Käse können wir im Laden kaufen, ohne uns mit Lab abmühen zu müssen. Glücklicherweise hat all dies nicht dazu geführt, dass die indische Küche ihren Charakter verloren hätte. Feinschmecker legen weiterhin Wert auf Qualität, wie sie heute mit weniger Zeitaufwand zu erreichen ist.

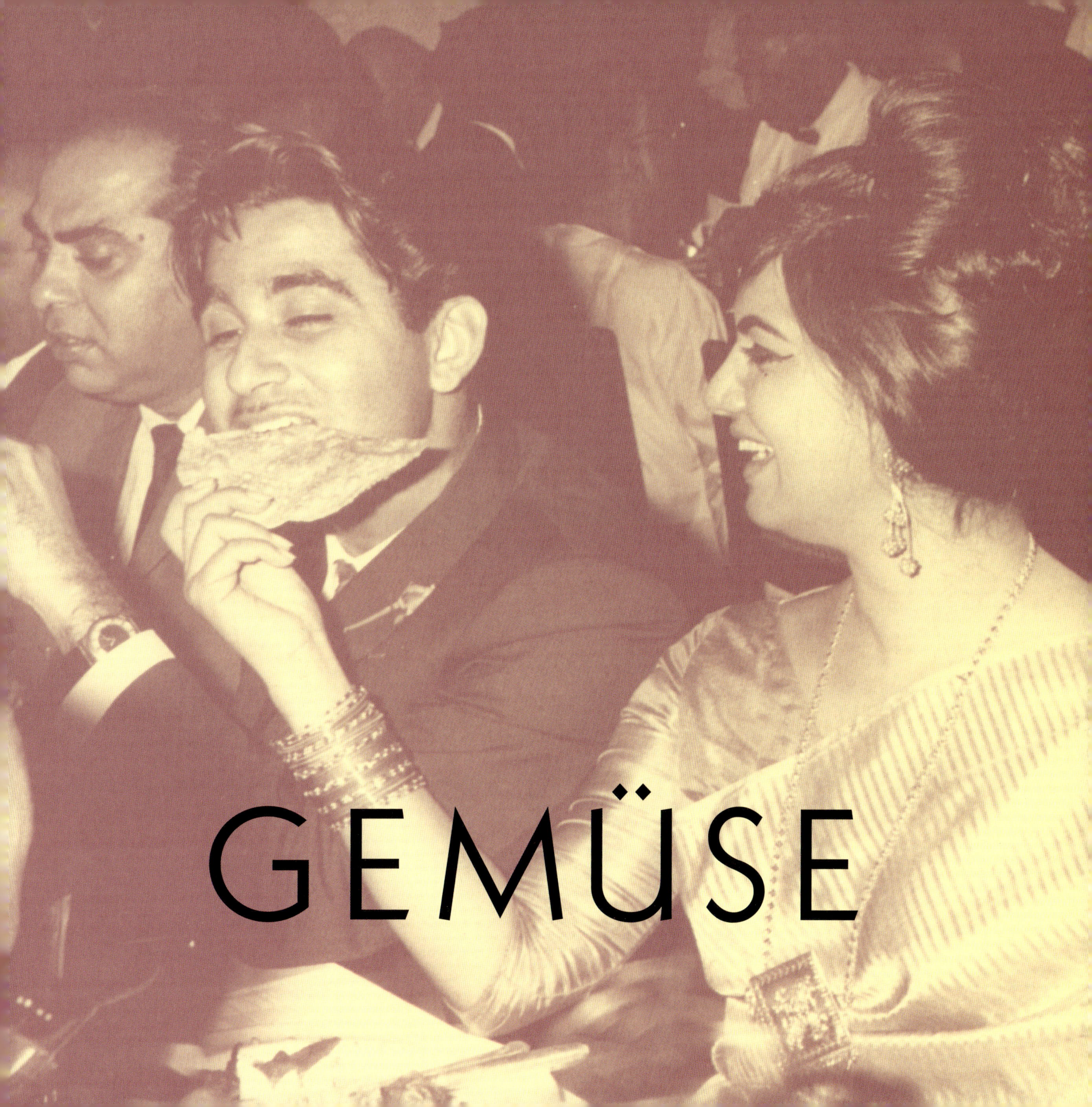

# GEMÜSE

*In vielen Rezepten verwenden die Bengalen eine Mischung aus fünf aromatischen Gewürzen gemeinsam mit Senföl. Bei diesem Gericht wird der mild-süße Geschmack des Kürbisses durch die Würzaromen aufgepeppt. Für ein schnelles Pfannengericht mit dieser interessanten Mischung eignet sich jedes beliebige Gemüse. Schwarzkümmelsamen (Nigella damascena) bekommt man in indischen Läden unter dem Namen Kalonji. Ganz nach Belieben können Sie anstatt des Senföls auch Sonnenblumenöl verwenden, aber nehmen Sie auf jeden Fall Kürbis mit roter Schale – keinen weißen!*

# PANCH PHODONER KADDU

## Kürbis mit fünf Gewürzen

2 EL Senföl
½ TL Kreuzkümmelsamen (Kumin)
½ TL Fenchelsamen
½ TL Bockshornkleesamen
½ TL schwarze Senfsamen
½ TL Schwarzkümmelsamen
600 g roter Kürbis (z. B. Hokaido), mit Schale in Würfel geschnitten
Salz
1 TL Zucker

1 Das Öl in einer großen Pfanne erhitzen und alle Gewürzsamen hineingeben.

2 Wenn die Samenkörner dunkel werden und platzen, den Kürbis, Salz und Zucker zufügen. Unter Rühren bei großer Hitze braten, bis der Kürbis weich ist.

3 Heiß mit gebratenem Bananenbrot (siehe Seite 129) servieren.

4 Wenn Sie es gerne feuriger mögen, können Sie etwas gehackte rote Chilischote über den Kürbis streuen.

**Vorbereitungszeit: 10 Minuten Kochzeit: 15 Minuten**

*Viele Inder sind der Meinung, eine Kartoffelpfanne (Kartoffel-Subji) mit Chapati sei das beste Essen überhaupt. In jeder Region des Landes gibt es eine erstaunliche Vielfalt an Kartoffelrezepten, und bei jedem Festessen bereichert mindestens ein Kartoffelgericht die Tafel. Dieses hier schmeckt köstlich mit Chapati oder als Beilage zu Fleisch. Reste kann man in der Pfanne zu Küchlein verbacken oder mit Hackfleisch gemischt am Spieß braten.*

# BATATA BHAJI

## Pikantes Kartoffelpüree mit Zwiebeln

1 1 EL Öl erhitzen und die Senfsamen hineingeben.

2 Sobald sie platzen, Curryblätter und die gehackte Chilischote zufügen. Umrühren.

3 Die zerstampften Kartoffeln und das Salz zugeben. Alles gut vermischen und erhitzen. Dann von der Kochstelle nehmen und warm stellen.

4 Das restliche Öl erhitzen und die Zwiebelringe darin goldgelb braten.

5 Das Kartoffelpüree mit den Zwiebelringen und – nach Wunsch – mit einem Zweig Korianderkraut servieren.

**Vorbereitungszeit: 10 Minuten Kochzeit: 20 Minuten**

3 EL Sonnenblumenöl
½ TL Senfsamen
einige Curryblätter
1 grüne Chilischote, gehackt
4 große Kartoffeln, gekocht, geschält und zerstampft
Salz
1 große Zwiebel, in Ringe geschnitten
Korianderkraut zum Garnieren (nach Wunsch)

*Die Bewohner des Punjab produzieren den göttlichsten Paneer-Käse, eine Art Frischkäse, der entsteht, indem man dick gelegte Milch in Musselintücher füllt und die gesamte Molke ablaufen lässt. Dieses Rezept bringt die Milde des Paneer sowie die herbe Säure der Sternfrucht exzellent zur Geltung. Sternfrüchte werden in vielen indischen Dörfern angebaut, aber da sie keinen stark ausgeprägten Eigengeschmack haben, nimmt man sie als Dessertobst nicht so richtig ernst. In jedem indischen Lebensmittelgeschäft finden Sie in der Regel Paneer, ein guter Ersatz ist Mozzarella.*

# PANEER TUKDE

## Frischkäse und Sternfrucht mit Rosinen-Chutney

300 g Paneer oder Mozzarella, zerkrümelt
½ TL Tandoori Masala
Salz
1 EL Zitronensaft

FÜR DAS CHUTNEY:
3 EL Rosinen
1 TL brauner Zucker
2 EL Essig
1 Prise Salz

2 große Sternfrüchte (Karambolas), in Scheiben geschnitten

1 Den Käse mit Tandoori Masala, Salz und Zitronensaft vorsichtig vermengen. Die Masse auf einem gefetteten Blech verteilen und bei mittlerer Hitze unter den Grill schieben. Umdrehen, sobald der Käse Farbe annimmt.

2 In der Zwischenzeit alle Zutaten für das Chutney in eine Kasserolle geben und zum Kochen bringen, bei Bedarf etwas Wasser zufügen. Wenn die zuckrige Masse sirupartig geworden ist, von der Kochstelle nehmen.

3 Zum Servieren die Sternfrucht-Scheiben auf einem Teller anrichten. Den Käse darüber legen und jeweils mit einem Teelöffel Chutney krönen. Dies ist eine gute Beilage zu Lamm nach Kaschmir-Art (siehe Seite 71) und Reis.

Zubereitungszeit: 10 Minuten

*Dieses beliebte und einfache Rezept stammt aus Bengalen. Obwohl Auberginen viel Öl aufsaugen, brät man sie doch gerne, denn erst dann entfalten sie ihren Geschmack. Das Öl also gut abtropfen lassen. Die außen knusprigen und innen butterweichen Auberginenscheiben schmecken köstlich zu Linsen mit Erdnüssen (siehe Seite 100) und Reis.*

# BHAJA BEGUN

## Pikante Auberginenscheiben

1 Die Gewürze mit Salz und Gries mischen.

2 Jede Auberginenscheibe einzeln in der Mischung wälzen.

3 Das Öl in einer schweren Pfanne erhitzen und die Scheiben darin von beiden Seiten braten, bis sie knusprig und goldbraun sind.

4 Mit einem Schaumlöffel herausheben, auf Küchenkrepp abtropfen lassen und sofort mit einer Zitronenspalte servieren.

1 TL Kurkuma (Gelbwurz)
1 TL Chilipulver
1 TL Kreuzkümmelpulver (Kumin)
Salz
4 EL Gries
2 mittelgroße Auberginen, in Scheiben geschnitten
Sonnenblumenöl zum Braten
Zitronenspalten zum Servieren

Vorbereitungszeit: 10 Minuten

Kochzeit: 15 Minuten

*Makara Sankranti ist ein hinduistisches Erntefest, das man im Januar mit ausgelassenen Feiern begeht. Traditionelle Leckereien sind dann geröstete Erdnüsse, gemischt mit Melasse aus Zuckerrohrsaft, sowie Früchte der Saison – während Ochsenkarrenrennen zur allgemeinen Unterhaltung beitragen. Kairas ist ein Gericht aus meiner Volksgruppe, den Saraswat Brahmins, und – zubereitet mit frischen Erdnüssen – ein Teil des Makara-Sankranti-Festmahls. Genießen Sie es als Beilage zu Fleisch oder Reis.*

# KAIRAS

## Paprikaschoten süß-sauer

1 Die Hälfte des Öls in einer Pfanne erhitzen und den Sesam hineingeben. Wenn die Samen dunkel werden, die Kokosflocken zufügen. Ständig rühren, bis die Kokosflocken eine goldgelbe Farbe annehmen. Von der Kochstelle nehmen, abkühlen lassen und in einer Kaffeemühle oder im Mixer vermahlen.

2 Das verbleibende Öl erhitzen und die Senfsamen hineingeben.

3 Wenn sie platzen, Paprika, Erdnüsse, Salz, Zucker, das sämige Tamarindenmark und etwas Wasser zufügen. Köcheln lassen, bis die Paprikaschoten gerade weich werden.

4 Die Sesam-Kokos-Mischung einrühren und kurz aufkochen lassen. Heiß servieren.

2 EL Sonnenblumenöl
2 EL Sesamsamen
2 EL Kokosflocken
½ TL Senfsamen
3 große grüne Paprikaschoten, gewürfelt
1 EL ganze Erdnüsse
Salz
2 TL dunkelbrauner Zucker
1 TL Tamarindenmark, in 1 TL Wasser aufgelöst

Vorbereitungszeit: 10 Minuten  Kochzeit: 15 Minuten

# VATANA USAL

## Erbsenpfanne mit Kokos (rechts)

1 Das Öl im Wok erhitzen und die Kreuzkümmelsamen hineinstreuen.

2 Wenn sie Farbe annehmen, die Erbsen unterrühren.

3 Etwas Wasser angießen, Zucker und Salz zufügen und ohne Deckel unter Rühren köcheln, bis die Erbsen gar sind.

4 Von der Kochstelle nehmen, die Kokosflocken unterrühren und servieren.

2 EL Sonnenblumenöl
½ TL Kreuzkümmelsamen (Kumin)
300 g tiefgefrorene Gartenerbsen
1 Prise Zucker
Salz
3 EL Kokosflocken

**Kochzeit: 10 Minuten**

# FARASBEE UPKARI

## Grüne Bohnen mit Kokos

1 Das Öl erhitzen und die Senfsamen hineingeben. Wenn sie platzen, Kreuzkümmel und die Chilischoten unterrühren.

2 Die Bohnen zugeben, Salz und Zucker zufügen und kochen, bis die Bohnen weich sind.

3 Die Kokosflocken untermischen und heiß servieren.

2 EL Sonnenblumenöl
1 TL Senfsamen
½ TL Kreuzkümmelsamen (Kumin)
2 ganze getrocknete rote Chilischoten, die Kerne entfernt
600 g tiefgefrorene grüne Bohnen
Salz
¼ TL Zucker
3 EL Kokosflocken

**Vorbereitungszeit: 5 Minuten Kochzeit: 15 Minuten**

*Über Mittag bleiben die Bauern in Westindien meist auf dem Feld, essen und gönnen sich ein Mittagsschläfchen unter dicht belaubten Mango- oder Tamarindenbäumen. Ihr einfaches Mahl besteht oft aus Hirsefladen, einem Gemüsegericht, wie nachfolgend beschrieben, etwas scharf Eingelegtem und ein wenig unraffiniertem Zucker oder Melasse. Weißkohl gilt in Indien als nicht sonderlich wohlschmeckend – vermutlich vor allem deshalb, weil er meist nicht richtig zubereitet wird. Doch dieses leckere Rezept macht wirklich das Beste aus dem Gemüse.*

# KOBI SIMLACHA ZUNKA

## Kohl-Paprika-Pfanne

1 Eine schwere Pfanne erhitzen und das Kichererbsenmehl darin unter ständigem Rühren 1 Minute trocken rösten. Von der Kochstelle nehmen.

2 Das Öl erhitzen und die Senfsamen hineinstreuen. Sobald sie platzen, die Curryblätter zufügen. Rühren.

3 Kohl, Paprika und Salz zugeben. Unter Rühren braten, bis das Gemüse zusammenfällt.

4 Das geröstete Mehl einrühren, dabei eventuell vorhandene Klümpchen gut zerdrücken. Weiterkochen, bis sich alles gut vermengt hat und die Sauce etwas eingedickt ist.

5 Dick mit Kokosflocken und nach Wunsch mit grünen Chilistreifen bestreuen. Heiß servieren.

2 EL Kichererbsenmehl
2 EL Sonnenblumenöl
1 TL Senfsamen
einige Curryblätter
300 g Weißkohl, gehobelt
300 g grüne Paprikaschoten, in Streifen geschnitten
Salz
2 EL Kokosflocken
grüne Chilischoten nach Geschmack, in dünne Streifen geschnitten

Vorbereitungszeit: 15 Minuten Kochzeit: 10 Minuten

# CAULIFLOWER KA KURMA

## Geschmorter Babyblumenkohl

1 Das Öl in einer Kasserolle erhitzen. Die Kreuzkümmelsamen einstreuen. Sobald sie Farbe annehmen, die Zwiebel zufügen und weich dünsten.

2 Ingwer-Knoblauch-Paste und Tomatenpüree einrühren. Die Gewürze zugeben und kochen, bis sich alles gut verbunden hat. Dann Salz und Zucker zufügen.

3 Den ganzen Blumenkohl in die Kasserolle legen und mit der Sauce überziehen. 150 ml Wasser angießen und den Deckel der Kasserolle aufsetzen.

4 Den Blumenkohl kochen, bis er gerade durch, aber nicht zu weich ist. Mit Koriander bestreuen und heiß servieren.

3 EL Sonnenblumenöl
1 TL Kreuzkümmelsamen (Kumin)
1 mittelgroße Zwiebel, gehackt
1 TL Ingwer-Knoblauch-Paste
1 EL Tomatenpüree
1 TL Garam-Masala-Pulver
½ TL Kurkuma (Gelbwurz)
Salz
½ TL Zucker
600 g Babyblumenkohl, nicht zerteilt
4 EL gehacktes Korianderkraut

**Vorbereitungszeit: 15 Minuten Kochzeit: 15 Minuten**

*Uttar Pradesh, wo Millionen Menschen jedes Jahr den prunkvollen Taj Mahal besuchen, ist nicht minder bekannt für seine fantastische Küche und die legendären Süßigkeiten. Aus der Region kommt dieses Rezept für krosse Okraschoten. Es verwendet Mangopulver aus sonnengetrockneten unreifen Früchten, die gemahlen werden. Man bekommt es aber auch fertig als Amchoor in indischen Lebensmittelläden. Reste des Gerichts kann man einfach über andere vegetarische Speisen krümeln und sie damit verfeinern.*

# BHINDI KURKURE

## Knusprige Okras im Gewürzmantel

1 TL Chilipulver
1 TL Kurkuma (Gelbwurz)
½ TL Mangopulver (Amchoor)
Salz
3 EL Kichererbsenmehl
600 g Okraschoten, schräg in dicke Scheiben geschnitten
Sonnenblumenöl zum Frittieren
1 Prise Puderzucker

1 Chili, Kurkuma, Mangopulver, Salz und Kichererbsenmehl mischen.

2 Die Okraschoten in der Mischung wälzen, bis sie rundum bedeckt sind.

3 Das Öl in einer Pfanne erhitzen und die Okras portionsweise knusprig und goldbraun frittieren. Falls sie zusammenkleben, die Schoten mit einer Gabel voneinander lösen.

4 Für einen Hauch Süße mit einer Prise Puderzucker bestreuen und heiß servieren.

Vorbereitungszeit: 15 Minuten Kochzeit: 15 Minuten

*In der indischen Küche finden viele verschiedene Mehlsorten Verwendung, allen voran Kichererbsen-, Reis- und Weizenmehl. Für Pfannkuchen und Brot mischt man manchmal sogar alle drei. Dieses aromatische Schmorgericht aus Zentralindien wird mit Weizenmehl angedickt. Es ist nahrhaft und doch leicht. Servieren Sie es mit Minze-Pulao (siehe Seite 122) oder mit Brötchen. Ganz nach Ihrem persönlichen Geschmack können Sie für das Rezept jede feste Gemüsesorte nehmen.*

# SUBZION KA STEW

## Gemüse-Schmortopf

1 Einen Schmortopf erhitzen, Kokosflocken und Garam Masala hineingeben. 1 Minute unter Rühren braten, aus dem Topf nehmen und in der Kaffeemühle zerkleinern. Beiseite stellen.

2 Das Öl erhitzen und die Zwiebel darin weich dünsten. Danach Chilischoten und Tomaten zugeben.

3 Die Gemüse vorsichtig unter die Sauce heben.

4 Das Mehl mit etwas Wasser zu einer Paste verarbeiten. In die Sauce einrühren und 1 Minute kochen.

5 Salz, Zucker und die Kokos-Gewürzmischung zugeben und gut vermengen. Mit gehacktem Korianderkraut bestreuen und heiß servieren.

2 EL Kokosflocken
1 TL Garam-Masala-Pulver
2 EL Sonnenblumenöl
1 mittelgroße Zwiebel, gehackt
2 grüne Chilischoten, aufgeschlitzt
2 Tomaten, gehackt
600 g gemischte Gemüse (z. B. Karotten, Kartoffeln, grüne Bohnen, Erbsen), gewürfelt und gekocht
1 EL Mehl
Salz
½ TL Zucker
1 Hand voll Korianderkraut, gehackt

Vorbereitungszeit: 20 Minuten Kochzeit: 20 Minuten

*Eine dünne Version von Lassi nennt man in Indien »Buttermilch«. Vor allem im Sommer ist sie ein überaus beliebtes Getränk und ganz leicht herzustellen: Man verrührt lediglich einen gehäuften Esslöffel Joghurt mit einer großen Tasse kalten Wassers. Manchmal wird die Buttermilch auch mit Blütenessenzen aromatisiert oder mit Salz gewürzt. Das folgende Rezept stammt aus dem seiner Palmen wegen so schönen Küstenstaat Kerala und wird gern zu Festessen serviert.*

# AVIAL

## Gemüse in »Buttermilch«

- 150 g Kokosflocken
- 2 grüne Chilischoten
- ¼ TL Kreuzkümmelsamen (Kumin)
- 600 g gemischte Gemüse (z. B. Kartoffeln, Kochbananen, roter Kürbis, Yamswurzel), geschält, gewürfelt und gedämpft
- ca. 150 ml »Buttermilch« (1 gehäufter EL Joghurt + 150 ml Wasser)
- 1 TL dunkler brauner Rohrzucker
- Salz

1 Kokosflocken, Chilischoten und Kreuzkümmel mit etwas Wasser im Mixer zu einer feinen Paste verarbeiten.

2 Diese Paste mit den gekochten Gemüsen vermischen und einige Minuten erhitzen, damit sich alles gut verbindet.

3 »Buttermilch« angießen, Zucker und Salz zufügen und erhitzen.

4 Dieser eher dünne Eintopf passt gut zu weißem gekochtem Reis oder man kann Papadam dazu reichen.

**Vorbereitungszeit: 25 Minuten Kochzeit: 15 Minuten**

*Inder lieben die mexikanische Küche. Dieses Rezept ist zwar traditionell indisch, aber die Art der Präsentation wurde von der Texmex-Küche inspiriert. Die Kartoffeln sind knusprig, schön würzig und einfach zuzubereiten. Sie eignen sich wunderbar als Beilage zu Chapati mit Hähnchen oder Fleisch. Sie können sie selbst zum Tee als ungewöhnlichen, aber sättigenden Snack servieren. Kaufen Sie dafür mehlig kochende Kartoffeln wie etwa die Sorte »Sieglinde«.*

# ALOO BHARVAN

## Gefüllte Kartoffeln

1 Jede Kartoffel halbieren und das Innere mit einem Löffel herausheben, sodass ein dicker Rand stehen bleibt.

2 Das Öl in einer großen, tiefen Bratpfanne oder der Fritteuse erhitzen und die Kartoffelhälften frittieren. Auf Küchenkrepp abtropfen lassen.

3 Die Kartoffelhälften mit Kreuzkümmelpulver und Salz bestreuen.

4 Den Honigjoghurt mit Chilipulver und Salz mischen und in die Kartoffelhälften füllen.

5 Mit Korianderblättchen garnieren und sofort servieren.

4 große, ungeschälte Kartoffeln, gekocht
Sonnenblumenöl zum Frittieren
1 TL geröstetes Kreuzkümmelpulver (Kumin)
Salz
6 EL griechischer Joghurt mit Honig
¼ TL Chilipulver
Korianderblättchen zum Garnieren

Vorbereitungszeit: 10 Minuten   Kochzeit: 15 Minuten

*Brokkoli ist in der indischen Küche eine relativ neue Errungenschaft, aber sein Geschmack eignet sich hervorragend für leicht gewürzte, pfannengerührte Gerichte. In diesem Fall wird er mit Korianderpulver aus den Samen der Pflanze aromatisiert. Es schmeckt völlig anders als das Kraut. Den Samen sagt man eine kühlende Wirkung nach, weswegen sie vielen sommerlichen Getränken beigegeben werden. Servieren Sie dieses Gericht mit Chapati und frischem Raita mit Dudhi-Kürbis und Minze (siehe Seite 27).*

# BROCCOLI KAJU KI SUBZI

## Brokkoli mit Cashewkernen

1 Stückchen Butter oder Ghee (Butterschmalz)
1 TL Kreuzkümmelsamen (Kumin)
2 TL Korianderpulver
1 TL Ingwer-Knoblauch-Paste
600 g Brokkoliröschen
1 Hand voll geröstete Cashewkerne (falls sie gesalzen sind, vorher waschen und trockentupfen)
Salz
150 ml süße Sahne
frischer Ingwer nach Wunsch, in feine Streifen geschnitten

1 Butter oder Ghee erhitzen und die Kreuzkümmelsamen einstreuen. Wenn sie platzen, Korianderpulver und Ingwer-Knoblauch-Paste zufügen. Nur wenige Sekunden braten.

2 Den Brokkoli, die Cashewkerne und das Salz zugeben. Unter ständigem Rühren und unter Zugabe einiger Teelöffel Wasser braten, bis der Brokkoli gerade weich wird.

3 Mit Sahne übergießen und nach Wunsch mit feinen Ingwerstreifen garnieren. Heiß servieren.

**Vorbereitungszeit: 10 Minuten Kochzeit: 15 Minuten**

*Das erste Sakrament im Leben eines Hindu ist die Zeremonie der Namensgebung, die schon bald nach der Geburt gefeiert wird. Man ermittelt das Horoskop des Kindes, wählt einen Namen, und danach wird ausgiebig gefeiert. Die Volksgruppe der Sindhi, die aus der Gegend von Sindh, im heutigen Pakistan, nach Indien eingewandert ist, bereitet bei solchen Feiern unendlich viele Varianten dieses festlichen Currys zu. Man reicht es mit Reis und knusprig gebratenen Kartoffeln. Die Inder verwenden dafür eine Sorte langer Bohnen, die man in indischen Läden unter dem Namen Guvar bekommt; Sie können aber auch ganz gewöhnliche grüne Bohnen nehmen.*

# SINDHI KADHI

## Gemüse-Tomaten-Curry

1 Das Öl in einer großen Pfanne erhitzen. Bockshornkleesamen und Curryblätter zufügen und braten, bis sie dunkel werden. Dann die Ingwerpaste einrühren.

2 Die Gemüse zugeben und 600 ml kochendes Wasser angießen.

3 Kichererbsenmehl, Tomatenpüree und Tamarindenpaste mit etwas Wasser zu einer pastosen Masse verrühren und in den Topf geben. Salzen.

4 Kochen, bis die Gemüse weich sind und das Curry etwas angedickt ist.

5 Nach Wunsch mit fein geraspeltem Ingwer bestreuen und heiß servieren.

**Vorbereitungszeit: 15 Minuten Kochzeit: 15 Minuten**

2 EL Sonnenblumenöl
½ TL Bockshornkleesamen
einige Curryblätter
1 TL Ingwerpaste
600 g gemischte Gemüse (z. B. Auberginen, Karotten, grüne Bohnen, Kartoffeln), in gleich große Stücke geschnitten
1 EL Kichererbsenmehl, geröstet (siehe hierzu das Rezept »Kohl-Paprika-Pfanne«, Seite 90)
2 EL Tomatenpüree
1 TL Tamarindenpaste
Salz
frischer Ingwer nach Wunsch, fein geraspelt

ZUSAMMEN MIT REIS UND CHAPATI ZÄHLEN LINSEN zu den wichtigsten indischen Grundnahrungsmitteln. Sie heißen *dal* und *dal-roti* ist ein Hindi-Ausdruck für das Alltagsessen, wie es zu Hause zubereitet wird. Zu einer Mahlzeit in einem modernen indischen Haushalt gehören Chapati (Roti) oder Reis, ein Gemüsegericht sowie ein Linsengericht *(dal)* oder auch ein Curry, dazu vielleicht noch ein Beilagensalat.

Jede Region hat ihre speziellen Zubereitungsweisen für Linsen, Bohnen und Samen. Im Süden würzt man sie mit Bockshornkleesamen und Curryblättern, im Westen mit Melasse aus Zuckerrohrsaft und mit Tamarinde, im Osten mit Anis und Schwarzkümmel und im Norden mit gebratenen Zwiebeln, Tomaten und Knoblauch. Die besten roten Kidney-Bohnen *(rajma)* wachsen in Kaschmir. Sie werden mit nur wenigen Gewürzen gekocht und mit blendend weißem Reis gegessen. Im Süden kombiniert man Schwarzaugenbohnen mit Tamarinde und Kokos zu einem herzhaften Curry.

In früheren Zeiten wurden Bohnen meist getrocknet, um sie länger lagern zu können. Heutzutage ersparen uns alle Arten von Bohnen in Dosen das langwierige Einweichen und Kochen. Gekeimte Bohnen sind leichter verdaulich und haben einen höheren Vitamin-C-Gehalt als ungekeimte.

LINSEN
BOHNEN
SAMEN

*Navratri ist ein neun Tage dauerndes Herbstfest, etwa einen Monat vor Diwali, dem hinduistischen Neujahrs. An Navratri feiert man den Sieg der mutigen Göttin Durga über das Böse in Gestalt eines Dämons, den sie neun Tage und neun Nächte lang bekämpfte. Die Bewohner der Provinz Gujarat vergnügen sich bei dem lebhaften Fest mit dem traditionellen Volkstanz Raas und mit köstlichen vegetarischen Schlemmereien wie Danedar dal. Sein süß-saures Aroma bereichert harmonisch einfachen weißen Reis, während durch die knackigen Erdnüsse ein spannender Kontrast in der Konsistenz entsteht.*

# DANEDAR DAL

## Mungbohnen mit Erdnüssen

300 g halbierte gelbe Mungbohnenkerne
2 EL Sonnenblumenöl
½ TL Senfsamen
6 Curryblätter
1 frische grüne Chilischote, der Länge nach aufgeschnitten
2 EL Tamarindenmark
¼ TL Kurkuma (Gelbwurz)
3 TL dunkler brauner Rohrzucker
Salz
2 EL gesalzene Erdnüsse
1 Hand voll Korianderkraut, gehackt

1 Die Mungbohnen in einem Topf gut mit heißem Wasser bedecken. Kochen, bei Bedarf Wasser nachgießen. Sobald die Bohnen breiig werden, mehr heißes Wasser angießen, sodass eine dickflüssige Masse entsteht. Beiseite stellen.

2 Das Öl im Wok erhitzen und die Senfsamen hineinstreuen. Wenn sie zu platzen beginnen, Curryblätter und Chili zufügen.

3 Tamarindenmark, Kurkuma, Zucker und etwas Wasser einrühren und zum Kochen bringen.

4 Die Mungbohnen vorsichtig untermischen.

5 Salz und Erdnüsse zugeben und 2 Minuten köcheln lassen.

6 Mit Koriander bestreuen und heiß servieren.

Vorbereitungszeit: 10 Minuten Kochzeit: 15 Minuten

*Dieses herrliche Rezept ist von der Küche der Zoroastrier inspiriert, die vor Hunderten von Jahren aus Persien nach Indien einwanderten. Man serviert es bei festlichen Anlässen zu Reis mit Karamell (siehe Seite 124), süß eingelegten Karotten, Kartoffelchips und Zwiebelringen. Manchmal gibt man während des Kochens noch Lammfleisch oder Hähnchen zu. Aber auf jeden Fall kann ein weißschaliger Kürbis nie das Aroma eines roten ersetzen.*

# DHANSAK DAL

## Linsen-Gemüse-Püree

150 g halbierte gelbe Linsen
1 große Zwiebel, gehackt
2 EL gehackter roter Kürbis
1 kleine Aubergine, gehackt
2 EL getrocknete Bockshornkleeblätter
2 EL gehackte frische Minze
1 TL Ingwer-Knoblauch-Paste
2 EL Sonnenblumenöl
1 TL Kreuzkümmelsamen (Kumin)
1 TL Garam-Masala-Pulver
1 EL Tomatenpüree
4 EL destillierter Essig
Salz
gehacktes Korianderkraut zum Garnieren

1 Linsen, Zwiebel, Kürbis, Aubergine, Bockshornklee, Minze und Ingwer-Knoblauch-Paste in einen Topf geben, mit kochendem Wasser übergießen und sehr weich kochen. Mit einem Kartoffelstampfer zerdrücken und gut durchmischen.

2 Das Öl erhitzen und den Kreuzkümmel einstreuen. Wenn die Samen platzen, Garam Masala, Tomatenpüree und Essig zufügen. Gut durchrühren.

3 Das Linsenpüree unterheben und salzen.

4 Mit Koriander garnieren und heiß servieren.

Vorbereitungszeit: 20 Minuten   Kochzeit. 20 Minuten

*Tarka dal ist eines der beliebtesten Gerichte der indischen Küche. Man bekommt es in fast jedem indischen Restaurant auf der ganzen Welt. Wenn ich sehr in Eile bin, nehme ich manchmal sogar eine Dose rote Linsensuppe dafür. Keiner hat den Unterschied je bemerkt! Hier gebe ich Ihnen eine ausführlichere Rezeptversion. Servieren Sie das Dal mit Reis und/oder Chapati.*

# TARKA DAL

## Linsen mit Zwiebeln und Knoblauch

1 Die Linsen mit kochendem Wasser übergießen und bei schwacher Hitze 15 Minuten kochen.

2 In der Zwischenzeit das Öl in einem Topf erhitzen und den Kreuzkümmel einstreuen.

3 Sobald die Samen zu platzen beginnen, die Zwiebelringe zugeben. Goldgelb und leicht knusprig braten. Die Hälfte der Zwiebeln mit einem Schaumlöffel herausheben und auf Küchenkrepp abtropfen lassen.

4 Tomatenpüree, Ingwer-Knoblauch-Paste, Chilischoten und Salz in den Topf geben und kochen, bis sich alles gut verbunden hat.

5 Die gekochten Linsen vorsichtig untermischen und abschmecken.

6 Dick mit den restlichen gebratenen Zwiebeln und mit etwas gehacktem Koriander bestreuen. Heiß servieren.

300 g rote halbierte Linsen
2 EL Sonnenblumenöl
1 TL Kreuzkümmelsamen (Kumin)
1 große Zwiebel, in Ringe geschnitten
1 EL Tomatenpüree
1 TL Ingwer-Knoblauch-Paste
2 grüne Chilischoten, längs aufgeschlitzt
Salz
1 Hand voll Korianderkraut, gehackt

Vorbereitungszeit: 15 Minuten   Kochzeit: 15 Minuten

*In der indischen Astrologie werden Schwarzaugenbohnen mit dem Planeten Venus in Verbindung gebracht und gelten deshalb als Aphrodisiakum. Dieser Gaumenschmaus aus dem Süden verschmilzt die buttrige Konsistenz der Bohnen mit der Milde von Kokos.*

# CHAWLI BENDI

## Schwarzaugenbohnen in Kokosmilch

1 1 EL Öl in einer Kasserolle erhitzen. Chilischoten, Tamarinde und Knoblauch nacheinander zugeben. 1 Minute braten, dann im Mixer oder in der Kaffeemühle zu einer feinen Paste vermahlen.

2 Das restliche Öl erhitzen und die Paste nochmals 1 Minute braten.

3 Die Kokosmilch angießen, Bohnen und Salz zufügen und alles erhitzen. Heiß servieren.

3 EL Sonnenblumenöl
4 getrocknete rote Chilischoten, die Kerne entfernt
1 TL Tamarindenpaste
2 Knoblauchzehen
300 ml Kokosmilch
1 Dose (400 g) Schwarzaugenbohnen, abgegossen und abgespült
Salz

Vorbereitungszeit: 5 Minuten Kochzeit: 10 Minuten

# CHOLE PANJIM

## Kichererbsen in feuerrotem Kokoscurry

3 EL Sonnenblumenöl
1 TL Ingwer-Knoblauch-Paste
6 getrocknete rote Chilischoten, die Kerne entfernt
5 EL Kokosflocken
1 TL Garam-Masala-Pulver
1 große Zwiebel, gehackt
1 Dose (400 g) Kichererbsen, abgegossen und abgespült
Salz

1 1 EL Öl in einer Pfanne erhitzen und die Ingwer-Knoblauch-Paste darin braten. Chilischoten zufügen und braun werden lassen. Anschließend Kokosflocken zugeben und unter Rühren goldgelb braten. Von der Kochstelle nehmen und Garam Masala einrühren.

2 Die Mischung im Mixer mit etwas Wasser zu einer feinen Paste verarbeiten.

3 Die Zwiebel im restlichen Öl anbraten. Kichererbsen und Salz zufügen, dann die rote Paste einrühren. So viel Wasser zugeben, dass eine Sauce entsteht, und erhitzen. Heiß servieren.

Vorbereitungszeit: 15 Minuten Kochzeit: 10 Minuten

# MILI JULI BEANS TAMATER

## Cannellini-Bohnen mit Tomaten

2 EL Sonnenblumenöl
1 große Zwiebel, gehackt
½ TL Knoblauchpaste
½ TL Kurkuma
½ TL Chilipulver
200 g gehackte Tomaten aus der Dose
1 Dose (400 g) Cannellini-Bohnen, abgegossen und abgespült
Salz
150 ml süße Sahne

1 Das Öl in einer Pfanne erhitzen und die Zwiebel darin glasig dünsten.

2 Knoblauchpaste, Kurkuma und Chili einrühren.

3 Die Tomaten zugeben und kochen, bis sich alles gut vermischt hat.

4 Die Bohnen zufügen, salzen und umrühren.

5 Die Sahne angießen, vorsichtig erhitzen und servieren.

Vorbereitungszeit: 15 Minuten Kochzeit: 10 Minuten

*Dieses würzige Curry stammt aus Südindien, wo es als Suppe oder auf gedämpftem Reis serviert wird. Vor allem Menschen, die an Appetitlosigkeit leiden, empfiehlt man Jeer meerya kadhi. Aromatisiert wird es mit ganzen Knoblauchzehen, wie sie die Menschen in den Dörfern aufgefädelt vor ihre Häuser hängen, um das Böse fernzuhalten.*

# JEER MEERYA KADHI

## Kreuzkümmel-Pfeffer-Curry

1 Die Hälfte des Öls erhitzen und darin die Kreuzkümmelsamen und die Pfefferkörner leicht anbraten.

2 Tamarindenpaste, Kokosflocken sowie Asant zugeben und einrühren.

3 Die Mischung mit etwas Wasser im Mixer zu einer glatten Paste verarbeiten. Dann 600 ml Wasser zugießen, um eine dünne Currysauce zu erhalten. Salzen und erhitzen.

4 Das restliche Öl erhitzen. Den Knoblauch darin anbräunen und zum Curry geben. Umrühren und heiß servieren.

2 EL Sonnenblumenöl
1 TL Kreuzkümmelsamen (Kumin)
10 Pfefferkörner
1 TL Tamarindenpaste
300 g Kokosflocken
1 Prise Asant (Asafoetida-Pulver)
Salz
2 Knoblauchzehen, zerdrückt

Vorbereitungszeit: 10 Minuten Kochzeit: 10 Minuten

# BEANS TIKKI

## Kartoffelküchlein mit roten Bohnen

4 große Kartoffeln, gekocht, geschält und zerstampft
Salz
2 Scheiben Brot, in Wasser eingeweicht und ausgedrückt
Öl zum Braten

FÜR DIE BOHNENSAUCE:
2 EL Sonnenblumenöl
1 große Zwiebel, gehackt
1 TL Ingwer-Knoblauch-Paste
2 EL Tomatenpüree
½ TL Kurkuma (Gelbwurz)
½ TL Chilipulver
1 Dose (400 g) rote Bohnen, abgegossen und abgespült
Salz

1 Die zerstampften Kartoffeln, Salz und Brot mischen und verkneten. Daraus dicke, runde Fladen formen.

2 Das Öl in einer flachen Pfanne erhitzen und die Kartoffelküchlein darin auf beiden Seiten knusprig und goldgelb braten. Aus der Pfanne heben und warm halten.

3 Für die Sauce das Öl erhitzen. Die Zwiebeln hineingeben (dabei einige als Garnitur zurückbehalten) und weich dünsten.

4 Ingwer-Knoblauch-Paste, Tomatenpüree und Gewürze zufügen und umrühren, sodass sich alles gut vermischt.

5 Bohnen und Salz zugeben, 300 ml Wasser angießen und einige Minuten kochen.

6 Die Kartoffelküchlein mit Bohnen belegen, mit den restlichen Zwiebelwürfeln bestreuen und servieren. Ein wenig gehacktes Korianderkraut sorgt für zusätzliches Aroma. Die restliche Bohnensauce separat dazu reichen.

**Vorbereitungszeit: 15 Minuten   Kochzeit: 15 Minuten**

IN DEN GESCHÄFTSBEZIRKEN jeder indischen Stadt ist man überwältigt vom Angebot an Schnellgerichten, die die kleinen Wagen am Straßenrand verkaufen. Jeder hat einen Herd, um das Essen vor den Augen der Kunden zuzubereiten. Zu den Tophits gehört Anda Bhurji: scharf gewürzte Rühreier. Auf dem Herd steht ein riesiger Wok *(kadhai)* und in diesen gibt der Koch Kräuter und Gewürze, Zwiebeln, Knoblauch, Tomaten und ein paar Schöpflöffel verquirlter Eier. Dann wird kräftig umgerührt, es brodelt und brutzelt im *kadhai* – und schon ist das leckere Essen fertig.

Eier sind unglaublich vielseitig einsetzbar. Landauf, landab genießt man sie als Spiegeleier, Rühreier oder mit Gewürzen und Kräutern in Currys. Eierspeisen werden häufig mit der Küche der Zoroastrier in Verbindung gebracht, jener Volksgruppe, die vor Jahrhunderten von Westen her zuwanderte. Ihre Speisen vereinen indische und persische Kochkultur – Eier spielen darin eine wichtige Rolle. Gemüse wie Okras oder Kartoffeln werden mit einem Spiegelei gekrönt oder man serviert süßen Griespudding mit einer Scheibe hart gekochtem Ei. Zum Sonntagsfrühstück gibt es häufig ein Omelett, dem Kreuzkümmel, Zwiebel und grüne Chilis Aroma verleihen. Serviert wird es mit Tomatenketchup und einem gebutterten Brötchen.

# EIERSPEISEN

*Rühreier sind auf der ganzen Welt beliebt. In Indien serviert man diese kräftig gewürzte Version zum Frühstück auf Toast oder auch mit Chapati oder Naan als Hauptmahlzeit. Im Süden gibt man dem Gericht durch Kokosmilch eine cremigere Konsistenz und aromatisiert das Ganze mit grünen Pfefferkörnern.*

# AKOORI

## Rühreier nach Art der Parsen

1 Die Eier mit Salz und Pfeffer verquirlen.

2 Das Öl in einer Pfanne erhitzen und die Zwiebel darin weich dünsten.

3 Ingwer-Knoblauch-Paste, Chilis und Koriander zufügen. Für 1 Minute unter Rühren braten, dann das Tomatenketchup zufügen. Gut durchmischen und die Hitze reduzieren.

4 Die verquirlten Eier zugeben und weiter rühren, bis sie fest, aber noch flaumig sind.

5 Heiß servieren.

6 große Eier
Salz und Pfeffer
2 EL Sonnenblumenöl
1 große Zwiebel, fein gehackt
1 TL Ingwer-Knoblauch-Paste
¼ TL grüne gehackte Chilis
1 Hand voll Korianderkraut, gehackt
1 EL Tomatenketchup

**Vorbereitungszeit: 10 Minuten Kochzeit: 10 Minuten**

# MASALA AMLATE

## Omelett mit Pfeffer und Chili

1 Das Öl in einer Pfanne erhitzen und darin den gemahlenen Pfeffer für einige Sekunden braten.

2 Die Chilis zufügen. Die Eiermasse hineingießen und zugedeckt bei schwacher Hitze zu einem Omelett stocken lassen.

3 Mit Käse und Koriander bestreuen und sofort servieren.

**Vorbereitungszeit: 10 Minuten Kochzeit: 10 Minuten**

- 1 EL Sonnenblumenöl
- Pfeffer aus der Mühle, dreimal drehen
- 2 grüne Chilischoten, gehackt
- 6 große Eier, mit Salz und Pfeffer verquirlt
- 3 EL geriebener Käse (z. B. Cheddar, Edamer, Gouda)
- 1 Hand voll Korianderkraut, gehackt

# ANDE KE BHAJIA

## Eierbratlinge

1 Mehl, Ajowan, Chili, Kurkuma und Salz vermischen und so viel Wasser zufügen, dass ein dickflüssiger Teig entsteht.

2 Das Öl im Wok erhitzen. Die Eihälften einzeln in den Teig tauchen und im Öl goldgelb frittieren. Nach Wunsch mit Korianderkraut garnieren und heiß servieren.

**Vorbereitungszeit: 10 Minuten Kochzeit: 10 Minuten**

- 3 EL Kichererbsenmehl
- ½ TL Ajowansamen (Bischofskraut)
- 1/9 TL Chilipulver
- ½ TL Kurkuma (Gelbwurz)
- Salz
- Sonnenblumenöl zum Frittieren
- 4 große Eier, hart gekocht, geschält und halbiert
- Korianderkraut nach Wunsch, gehackt

*Dies ist wohl eines der allereinfachsten und köstlichsten Currys überhaupt. In kleinen muslimischen Imbissbuden bekommt man viele Varianten davon mit Brötchen und einem Zwiebelsalat. Wenn man es so richtig üppig möchte, gibt man am Ende noch Milch oder Sahne zu, die alle Zutaten verbindet und Duft und Geschmack regelrecht explodieren lässt. Ich serviere dieses Curry mit heißen, gebutterten Naan sowie mit süß-sauren Gewürzkartoffeln (siehe Seite 34).*

# BAIDA CURRY

## Einfaches Eiercurry

- 2 EL Sonnenblumenöl
- ½ TL Kreuzkümmelsamen (Kumin)
- 2 große Zwiebeln, gehackt
- 1 EL Ingwer-Knoblauch-Paste
- 2 EL Tomatenpüree
- ½ TL Kurkuma (Gelbwurz)
- ½ TL Chilipulver
- 1 TL Garam-Masala-Pulver
- Salz
- 8 große Eier, hart gekocht, geschält und halbiert
- 3 EL Milch oder Sahne
- 1 Hand voll Korianderkraut, gehackt

1 Das Öl in einer großen Pfanne erhitzen und den Kreuzkümmel hineinstreuen. Wenn er dunkel wird, die Zwiebeln zufügen und weich dünsten.

2 Ingwer-Knoblauch-Paste und Tomatenpüree untermengen, dann Gewürze und Salz zufügen. Das Ganze unter Rühren zu einer einheitlichen Masse einkochen.

3 Die Eier vorsichtig in das Curry legen, Milch oder Sahne darübergießen. Erhitzen und mit Koriander bestreut servieren.

Vorbereitungszeit: 15 Minuten   Kochzeit: 10 Minuten

*Der Küche der Mogul-Herrscher von Delhi entstammt dieses klassische Rezept. Heute bereitet man es als Teil eines muslimischen Hochzeitsessens zu – gemeinsam mit Biryani und Süßspeisen aus Dickmilch, die mit Rosenblättern verziert werden. Das sehr ästhetische Gericht bringt Glanz auf jedes Büffet. Zugleich eignet es sich, kombiniert mit einem Salat und Pommes frites, auch als leichtes Mittagessen.*

# NARGISI KOFTA

## Eier im Fleischmantel

600 g mageres Lammhackfleisch
2 TL Ingwer-Knoblauch-Paste
2 TL Garam-Masala-Pulver
3 EL halbe gelbe Linsen *(Chana dal)*
Salz
1 TL Chilipulver
1 großes Ei, verquirlt
4 Eier, hart gekocht und geschält
Öl zum Frittieren

1 Hackfleisch, Ingwer-Knoblauch-Paste, Garam Masala, Linsen, Salz und Chili in einen Topf geben. 150 ml Wasser angießen und alles zusammen dünsten, bis Fleisch und Linsen gar sind. Bei Bedarf noch etwas Wasser nachgießen, das am Ende aber verdampft sein sollte. Von der Kochstelle nehmen und abkühlen lassen.

2 Die Mischung im Mixer zu einer glatten Masse verarbeiten. Die verquirlten Eier unterrühren.

3 Jedes hart gekochte Ei vollständig mit einem Mantel aus der Fleischmischung umhüllen.

4 Das Öl erhitzen und die »eingepackten« Eier sehr vorsichtig hineingleiten lassen.

5 Goldbraun frittieren und mit einem Schaumlöffel herausheben. Jeden gebratenen Fleischklops mit einem scharfen Messer halbieren und heiß mit Tomatenketchup servieren.

Vorbereitungszeit: 15 Minuten   Kochzeit: 35 Minuten

# TARKA BAIDA

## Gebratene Eier indische Art

1 Das Öl erhitzen und den Kreuzkümmel darin braten.

2 Kurkuma und Chili einstreuen.

3 Die Eier in die Pfanne schlagen und vorsichtig rühren, um die Eigelbe zu öffnen.

4 Wenn die Eier stocken, mit Salz und Pfeffer würzen, wenden und auf der anderen Seite braten. Heiß servieren.

**Kochzeit: 5 Minuten**

PRO PORTION:

1 EL Sonnenblumenöl
1 Prise Kreuzkümmelsamen (Kumin)
1 Prise Kurkuma (Gelbwurz)
1 Prise Chilipulver
2 große Eier
Salz und Pfeffer

# SAUCE KA ANDA

## Eier in weißer Sauce auf Toast

1 Die Butter in einem Topf zum Schmelzen bringen. Das Mehl unter Rühren zufügen. Mit dem Schneebesen die Milch einrühren und unter ständigem Rühren köcheln lassen, bis eine glatte, dickliche Sauce entstanden ist.

2 Die gehackten Eier vorsichtig unterheben. Salzen und pfeffern.

3 Auf gebuttertem Toast anrichten und mit einem Muster aus Chilipulver und Korianderzweigen garnieren

**Vorbereitungszeit: 5 Minuten Kochzeit: 5 Minuten**

1 Stückchen Butter
2 EL Mehl
300 ml Milch
6 Eier, hart gekocht, geschält und gehackt
Salz und Pfeffer
4 Scheiben dunkles Brot, getoastet und gebuttert
1 Prise Chilipulver
Korianderzweige zum Garnieren

# BHARE ANDE

## Eier gefüllt mit Aprikosenreis

1 EL Sonnenblumenöl
1 ½ EL gehackte Aprikosen
1 EL gekochter Reis
Salz
3 EL Crème fraîche
4 Eier, hart gekocht, geschält und halbiert, das Eigelb aus den Eiweißhälften herausgehoben
Korianderzweige zum Garnieren

1 Das Öl erhitzen und die Aprikosen darin 1 Minute schwenken.

2 Reis und Salz untermischen. Von der Kochstelle nehmen und 1 EL Crème fraîche einrühren.

3 Diese Mischung an Stelle der Eigelbe in die Vertiefung der Eihälften füllen.

4 Die Eigelbe, die restliche Crème fraîche und etwas Salz verrühren. Diese Masse um die einzelnen gefüllten Eihälften spritzen bzw. anrichten. Mit Korianderkraut garniert servieren.

Vorbereitungszeit: 10 Minuten   Kochzeit: 10 Minuten

# BAIDA MAKHANI

## Eier in Butter-Tomaten-Sauce

4 EL Butter
1 TL Ingwer-Knoblauch-Paste
1 Lorbeerblatt
4 EL Mandelpulver
4 EL Tomatenpüree
½ TL Chilipulver
½ TL Garam-Masala-Pulver
Salz
4 Eier, hart gekocht, geschält und halbiert
4 EL Crème double
1 Hand voll Korianderkraut, gehackt

1 Die Butter schmelzen und darin die Ingwer-Knoblauch-Paste für einige Minuten braten, das Lorbeerblatt zufügen.

2 Mandelpulver kurz mitbraten, dann Tomatenpüree, Gewürze und Salz zugeben. 150 m Wasser angießen und alles gut verrühren.

3 Beginnt die Sauce zu kochen , Hitze reduzieren und die Eier in den Topf legen. Erhitzen.

4 Zum Servieren mit Crème double beträufeln und mit gehacktem Koriander bestreuen.

Vorbereitungszeit: 15 Minuten   Kochzeit: 15 Minuten

*Dieses cremige Curry weckt bei mir Erinnerungen an geruhsame Tage an der azurblauen Lagune von Kerala. In dem Bundesstaat an der Malabarküste wird viel mit Kokos gekocht, da Palmen dort überall in Hülle und Fülle wachsen. In den Speisen schmeckt das Kokosöl deutlich vor, was der Gewöhnung bedarf. Servieren Sie dieses Curry mit Reis und Papadam. Manchmal lockere ich es farblich auch mit einigen Kirschtomaten auf.*

# BAIDA MALABAR

## Eier in Kokoscurry

1 Eine Pfanne erhitzen und darin Koriandersamen, Nelken und Kardamom trocken rösten, bis sie dunkel werden. Kokosflocken zufügen und anbräunen. Die Mischung etwas abkühlen lassen, anschließend im Mixer mit etwas Wasser zu einer feinen Paste verarbeiten.

2 Öl erhitzen und die Senfsamen einstreuen. Wenn sie platzen, Curryblätter, Chili, Salz und zuletzt die Kokosmischung zufügen. Die Kokosmilch angießen.

3 Zum Kochen bringen. Die Eier in das Curry legen und zum Schluss etwas frischen Pfeffer – ganz nach Geschmack – darüber mahlen.

**Vorbereitungszeit: 10 Minuten Kochzeit: 20 Minuten**

1 EL Koriandersamen
4 Gewürznelken
½ TL Kardamomsamen
4 EL Kokosflocken
3 EL Kokosöl (oder Sonnenblumenöl)
1 TL Senfsamen
10 Curryblätter
½ TL Chilipulver
Salz
300 ml Kokosmilch
4 Eier, hart gekocht, geschält und halbiert
frischer Pfeffer aus der Mühle

AUF INDIENS SMARAGDGRÜNEN REISFELDERN gedeihen erstaunlich viele Sorten der edlen Körnchen. Neben Weizen und Linsen ist Reis eines der Grundnahrungmittel im Land. Er gilt als Symbol für Wohlstand – viele Glück und Erfolg beschwörende Rituale sind damit verbunden. Zu Festmenüs gehört er in süßer oder herzhafter Zubereitung. Festliche Pulao (Pilaws) und Biryani werden stets mit köstlich duftendem Basmati zubereitet – unangefochten ist er der König aller Reissorten.

Die Südinder sind wahre Fans: Dort begleitet Reis zu jeder Mahlzeit allerlei Linsencurrys. Sie mischen ihn sogar mit kühlem Joghurt und genießen ihn pikant zu chilischarf eingelegten Mangos. Im Norden ist Weizen die Nummer 1 der Getreide. Der Punjab gilt wegen seiner fruchtbaren Felder als die Kornkammer des Landes. Die meisten Inder kaufen Körner und lassen sie dann in ihrer örtlichen Mühle mahlen. Moderne Köche jedoch benutzen gerne fertiges Mehl. Manchmal serviert man zu Currys auch Reis- oder Weizennudeln *(seviyan)* anstatt von Reis – insbesondere im Süden. Außerdem tragen unzählige Arten von Pfannkuchen *(dosa)* zur Abwechslung bei. Sie werden gefüllt oder aromatisiert und mit Kokos-Chutney und *sambhar,* einem würzigen Linsencurry, aufgetischt.

REIS
UND
BROT

*Vangi bhaat ist ein beliebtes Festessen aus Bombay, zum Beispiel zu Hochzeiten und religiösen Feierlichkeiten. Es wird dann häufig mit Nüssen oder Trockenfrüchten angereichert und mit einem kühlen Joghurt-Raita (mit Dudhi-Kürbis, siehe Seite 27) und Gemüsecurry serviert. An anderen Tagen des Jahres kombiniert man es mit einem deftigen Fleischcurry aus karamellisiertem Lamm und Kartoffeln (siehe Seite 76).*

# VANGI BHAAT

## Auberginen-Pulao (Pilaw)

1 Das Öl in einer großen Pfanne erhitzen und die Zwiebel darin goldgelb braten.

2 Reis zugeben und rühren, bis er milchweiß wird. Aubergine, Kurkuma, Chili, Garam Masala und Salz einrühren.

3 600 ml kochendes Wasser angießen und aufwallen lassen. Dann die Hitze reduzieren und das Ganze bei halb geöffnetem Deckel kochen, bis der Reis gar und trocken ist.

4 Zitronensaft zufügen, Reis mit einer Gabel auflockern. Heiß servieren.

**Vorbereitungszeit: 5 Minuten Kochzeit: 15 Minuten**

2 EL Sonnenblumenöl
1 mittelgroße Zwiebel, in Scheiben geschnitten
300 g Basmatireis, gewaschen und abgetropft
150 g Aubergine, in Scheiben geschnitten und geviertelt
1 TL Kurkuma (Gelbwurz)
1 TL Chilipulver
1 EL Garam-Masala-Pulver
Salz
2 TL Zitronensaft

# RANGATDAR BHAAT

## Bunter Gemüse-Pulao

- 4 EL Sonnenblumenöl
- 1 TL Kreuzkümmelsamen (Kumin)
- 1 Lorbeerblatt
- 1 Prise Kurkuma (Gelbwurz)
- 150 g gemischte Gemüse (gewürfelte rote Paprika, Pilze, Karotten und Erbsen), küchenfertig
- 300 g Basmatireis, gewaschen und abgetropft
- Salz

1 Das Öl in einer großen Pfanne erhitzen und Kreuzkümmel darin braten, bis er dunkel wird.

2 Lorbeerblatt, Kurkuma und Gemüse zufügen, gut vermischen.

3 Reis und Salz unterrühren. 600 ml kochendes Wasser angießen und aufwallen lassen. Dann die Hitze reduzieren und den Reis halb zugedeckt simmern lassen, bis er gar und trocken ist.

4 Mit einer Gabel den Reis auflockern und heiß servieren.

**Vorbereitungszeit: 15 Minuten   Kochzeit: 20 Minuten**

# MURGH PULAO

## Hähnchen-Pulao

- 300 g Hähnchenbrust ohne Knochen, in Stücke geschnitten
- 2 TL Ingwer-Knoblauch-Paste
- 1 TL Garam-Masala-Pulver
- 2 Lorbeerblätter
- Zwiebelsalz
- 2 EL Sonnenblumenöl
- 300 Basmatireis, gewaschen und abgetropft
- 3 EL gemischte Nüsse und Rosinen

1 Hähnchenfleisch, Ingwer-Knoblauch-Paste, Garam Masala, Lorbeerblätter und Zwiebelsalz mit 600 ml Wasser in einen Topf geben und zum Kochen bringen.

2 Das Öl in einer großen Pfanne oder Kasserolle erhitzen, den Reis zufügen und unter Rühren braten, bis er ganz leicht Farbe annimmt.

3 Hähnchen-Brühemischung zum Reis gießen. Zudecken. Kochen, bis Fleisch und Reis gar sind.

4 Mit Nüssen und Rosinen bestreut servieren.

**Vorbereitungszeit: 10 Minuten   Kochzeit: 15 Minuten**

*Wahrscheinlich waren es die Mogul-Herrscher von Delhi, die Minze in der indischen Küche einführten. Viele Hausfrauen ziehen das aromatische Kraut im Topf auf einem sonnigen Fensterbrett. Man verwendet Minze vor allem in Nordindien für Chutneys und Fleischgerichte. Mit ein paar nur leicht zerriebenen Zweigen verleiht man gerne auch feinem Schwarztee zarten Duft. In diesem Rezept erhält Basmatireis durch die Zugabe von Minze einen frischen Geschmack und Farbe.*

# PUDINA PULAO

## Minze-Pulao

1 Die Minzeblätter mit etwas Wasser zu einer glatten Paste pürieren.

2 Ghee oder Öl in einer großen Pfanne erhitzen und den Kreuzkümmel darin braten, bis er dunkel wird.

3 Reis und Salz zugeben und 1 Minute unter Rühren braten. Die Minze zufügen.

4 600 ml kochendes Wasser angießen. Aufwallen lassen, dann die Hitze reduzieren, halb zudecken und kochen, bis der Reis gar und trocken ist.

5 Den Reis mit einer Gabel auflockern, nach Belieben mit einigen Minzezweigen garnieren und dampfend heiß servieren.

1 große Hand voll Minzeblätter, klein gehackt
2 EL Ghee (Butterschmalz) oder Sonnenblumenöl
1 TL Kreuzkümmelsamen (Kumin)
300 g Basmatireis, gewaschen und abgetropft
Salz
Minzezweige zum Garnieren (nach Belieben)

**Vorbereitungszeit: 10 Minuten Kochzeit: 20 Minuten**

*Tomatenketchup ist in ganz Indien sehr beliebt und wird oft anstelle süßer Chutneys zu herzhaften Snacks serviert. Auch Geflügel- und Fleischgerichte erhalten dadurch eine eigene Note. Es gibt viele Arten von Ketchup, etwa mit Knoblauch oder Chili. Kochenthusiasten machen zu Hause ihre eigene Tomatensauce und füllen gleich die komplette Menge für ein halbes Jahr auf Flaschen ab. Im folgenden Rezept wird Ketchup in einen Reis-Pulao gerührt. Wer Meeresfrüchte mag, sollte dieses Gericht mit Hummercurry aus Konkan (siehe Seite 46) kombinieren – ein Hochgenuss!*

# JHINGA PULAO

## Garnelen-Pulao

- 3 EL Sonnenblumenöl
- 1 TL Kreuzkümmelsamen (Kumin)
- 1 große Zwiebel, fein gehackt
- 1 TL Ingwer-Knoblauch-Paste
- 2 grüne Chilischoten, aufgeschlitzt
- 150 g gekochte, tiefgefrorene Garnelen
- 300 g Basmatireis, gewaschen und abgetropft
- 1 TL Korianderpulver
- 4 EL Tomatenketchup
- Salz
- 1 Hand voll Korianderkraut, gehackt

1 Das Öl in einer großen, schweren Pfanne erhitzen und den Kreuzkümmel darin braten. Wenn er dunkel wird, die Zwiebel zufügen und weich dünsten. Ingwer-Knoblauch-Paste und Chilis zugeben.

2 Die Garnelen zufügen und rühren.

3 Reis und Korianderpulver einrühren, anschließend Tomatenketchup, Salz und die Hälfte des Korianderkrauts untermischen.

4 600 ml kochendes Wasser angießen und aufwallen lassen. Die Hitze reduzieren, das Ganze bei halb geöffnetem Deckel kochen, bis der Reis gar und trocken ist.

5 Den Reis mit einer Gabel auflockern, mit dem restlichen Korianderkraut bestreuen und servieren.

Vorbereitungszeit: 15 Minuten   Kochzeit: 25 Minuten

*Dieses parsische Gericht wird traditionell mit einem Linsen-Gemüse-Püree (siehe Seite 102) und Lammhackbällchen (siehe Seite 77) serviert. Der Karamell macht den Reis nicht süß, er verleiht vielmehr Farbe und einen volleren Geschmack. Zur Abrundung reicht man dazu häufig ein süßes, perlendes Fruchtsaftgetränk aus Himbeeren oder Orangen.*

# BROWN RICE

## Karamell-Reis

- 3 EL Sonnenblumenöl
- 1 große Zwiebel, in Ringe geschnitten
- 1 EL Zucker
- 8 Pfefferkörner
- 1 Lorbeerblatt
- 300 g Basmatireis, gewaschen und abgetropft
- Salz

1 Das Öl in einer großen Pfanne erhitzen und die Zwiebeln darin unter ständigem Rühren gleichmäßig bräunen. Auf Küchenkrepp abtropfen lassen.

2 In einem Topf den Zucker karamellisieren. Das Öl aus der Pfanne, Pfefferkörner und Lorbeerblatt zugeben.

3 Den Reis sowie Salz und die Hälfte der Zwiebeln hinzufügen, alles gut vermischen. 600 ml kochendes Wasser angießen und aufwallen lassen. Dann die Hitze reduzieren. Topf zur Hälfte zudecken und kochen, bis der Reis gar und trocken ist.

4 Den Reis mit einer Gabel auflockern, mit den restlichen gebratenen Zwiebeln bestreuen und heiß servieren.

**Vorbereitungszeit: 10 Minuten Kochzeit: 20 Minuten**

*Die Kombination aus Reis und Fleisch kennt man in vielen Ländern. Dieses Rezept stammt von einer Kriegergemeinschaft in der Stadt Kolhapur in Maharashtra. Deren Küche basiert größtenteils auf Fleisch – mit Spezialitäten wie feurigen Currys und Fleischhackbällchen, die mit einem Chutney aus zerstoßenen grünen Chilischoten serviert werden. Würzmittel dieses Pulao ist Kurkuma, das den Geschmack aller anderen Zutaten harmonisiert. Servieren Sie dazu Rote-Bete-Raita (siehe Seite 37).*

# GOLI BHAAT

## Reis mit Fleischbällchen

1 Die Zutaten für die Fleischbällchen im Mixer zu einer homogenen Masse verarbeiten und diese zu kirschgroßen Kugeln formen.

2 Das Öl erhitzen und die Bällchen darin frittieren. Abtropfen lassen und warm halten.

3 3 EL des Frittieröls in einer sauberen Pfanne erhitzen und die Zwiebeln darin unter Rühren goldgelb braten. Auf Küchenkrepp abtropfen lassen und beiseite stellen.

4 Die Nelken und dann den Reis in das Öl geben, 1 Minute braten. Mit Kurkuma und Salz bestreuen.

5 600 ml kochendes Wasser angießen und aufwallen lassen. Die Hitze reduzieren, den Reis bei halb geöffnetem Pfannendeckel kochen, bis er gar und trocken ist.

6 Den Reis mit einer Gabel auflockern, die Fleischbällchen unterheben, gebratene Zwiebeln und Koriander darüber streuen und servieren.

Vorbereitungszeit: 15 Minuten   Kochzeit: 25 Minuten

FÜR DIE FLEISCHBÄLLCHEN:
150 g mageres Lammhackfleisch
2 Scheiben Brot ohne Rinde, in Wasser eingeweicht und ausgedrückt
1 TL Ingwer-Knoblauch-Paste
1 grüne Chilischote
Salz

Sonnenblumenöl zum Frittieren
1 mittelgroße Zwiebel, in Ringe geschnitten
3 Gewürznelken
300 g Basmatireis, gewaschen und abgetropft
½ TL Kurkuma (Gelbwurz)
Salz
1 Hand voll Korianderkraut, gehackt, zum Garnieren

# BESAN KA AMLATE

## Gemüsepuffer

1 Zwiebel, Tomatenpüree, Koriander, Kreuzkümmel, Kichererbsenmehl und Salz gut vermischen. Mit dem Zwiebelsaft und so viel Wasser verrühren, dass ein dickflüssiger Teig entsteht.

2 Eine Pfanne erhitzen und etwas Öl auf dem Boden verteilen. Einen Schöpflöffel Teig in die Pfanne geben und mit dem Löffelrücken zu einem 12 cm großen Kreis verstreichen.

3 Nach 2–3 Minuten wenden, noch etwas Öl zugeben und die andere Seite backen. Beide Seiten sollten goldgelb sein.

4 Auf diese Weise Gemüsepuffer backen, bis der gesamte Teig aufgebraucht ist.

**Vorbereitungszeit: 10 Minuten Kochzeit: 20 Minuten**

1 kleine Zwiebel, gerieben, ausgedrückt (den Saft aufbewahren)
1 TL Tomatenpüree
2 EL gehackte Korianderblätter
½ TL Kreuzkümmelpulver (Kumin)
200 g Kichererbsenmehl
Salz
Sonnenblumenöl für die Pfanne

# DHODAK Gurken-Pfannkuchen (rechts)

1 Alle Zutaten außer dem Öl gut vermischen und unter Zugabe von etwas Wasser zu einem dickflüssigen Teig verrühren.

2 Eine Pfanne erhitzen und etwas Öl auf dem Boden verteilen. Einen Schöpflöffel Teig in die Pfanne geben und mit dem Löffelrücken zu einem 10 cm großen Kreis verstreichen. Nach 2–3 Minuten wenden und die andere Seite backen.

3 Auf dieselbe Weise auch die restlichen Pfannkuchen ausbacken und heiß mit einem pikanten Fleischgericht und einem Raita servieren.

**Vorbereitungszeit: 10 Minuten Kochzeit: 10 Minuten**

150 g grober Gries
150 g Kokosflocken
150 g Gurke, geschält und gehobelt
1 EL weicher brauner Zucker
Salz
Sonnenblumenöl für die Pfanne

# KELE KI POORI

## Gebratenes »Bananen-Brot« (links)

300 g Weizen-Vollkornmehl
1 EL Sonnenblumenöl
1 mittelgroße reife Banane, zerdrückt
Sonnenblumenöl zum Frittieren

1 Aus Mehl, Öl, 150 ml warmem Wasser und dem Bananenmus einen festen Teig kneten. (Je nach Qualität des Mehls benötigen Sie etwas mehr oder weniger Wasser.)

2 Den Teig in gut kirschgroße Bällchen aufteilen. Die Handflächen mit Öl einreiben und die Bällchen rundum glatt rollen.

3 Das Öl im Wok oder in einer großen, schweren Pfanne erhitzen. Die Teigbällchen zu Plätzchen von 2,5 cm Durchmesser ausrollen, falls nötig die Arbeitsfläche bemehlen.

4 Die Teigplätzchen vorsichtig ins heiße Öl gleiten lassen und mit der Unterseite eines Schaumlöffels ins Öl drücken, bis sie luftig und golden sind. Wenden und 1 Minute weiterfrittieren. Die Plätzchen gehen nur auf, wenn sie ganz ins Öl eingetaucht sind und dieses heiß genug ist.

5 Mit dem Schaumlöffel herausheben und auf Küchenkrepp abtropfen lassen.

6 Auf diese Weise alle Plätzchen braten. Die Hitze so regeln, dass sie nicht zu dunkel werden.

**Vorbereitungszeit: 15 Minuten Kochzeit: 20 Minuten**

# DAHI POORI

## Joghurtbrot

300 g Weizen-Vollkornmehl
1 EL Sonnenblumenöl
100 ml Naturjoghurt
Sonnenblumenöl zum Frittieren

Aus Mehl, Öl und Joghurt einen festen Teig kneten und des Weiteren so verfahren, wie im vorhergehenden Rezept angegeben.

**Vorbereitungszeit: 15 Minuten Kochzeit: 20 Minuten**

DESSERTS SIND DIE IDEALE BÜHNE, um kulinarische und kreative Fähigkeiten so richtig zur Schau zu stellen: Sie müssen prachtvoll präsentiert werden und natürlich köstlich schmecken. Dieses Kapitel zeigt Ihnen, wie Sie einfache, im Laden gekaufte Zutaten zu verblüffenden Süßspeisen aufpeppen können, dass Ihre Gäste regelrecht verzaubert sind.

Indien hat eine große Desserttradition. Keine Mahlzeit ist rund ohne einen *pudding,* der vielfach gemeinsam mit dem Hauptgericht aufgetragen wird. Die süßen Leckereien basieren größtenteils auf Milch und enthalten meist Früchte, Gemüse oder auch Getreideprodukte und Mehl. Zu den Lieblingsdesserts des Landes zählen verschiedene Arten von Eiscreme. Saftige Wassermelonen, Ananas, *chikoos* (Sapotes, Breiäpfel), Guaven und süße Limonen locken das ganze Jahr über auf den Märkten. Doch alle Inder freuen sich auf den heißen Sommer – und sei es nur, weil dann wieder die Mangos reifen. Jede Familie kauft Dutzende dieser duftenden Früchte, um sie einfach so zu essen oder auch kombiniert mit Sahne, Eiscreme, Kokosmilch oder Joghurt. Und die irrige Annahme, indische Desserts seien klebrig süß, wird zunehmend entkräftet. Heute krönen in den meisten Haushalten leichte und gesunde Köstlichkeiten die Mahlzeiten.

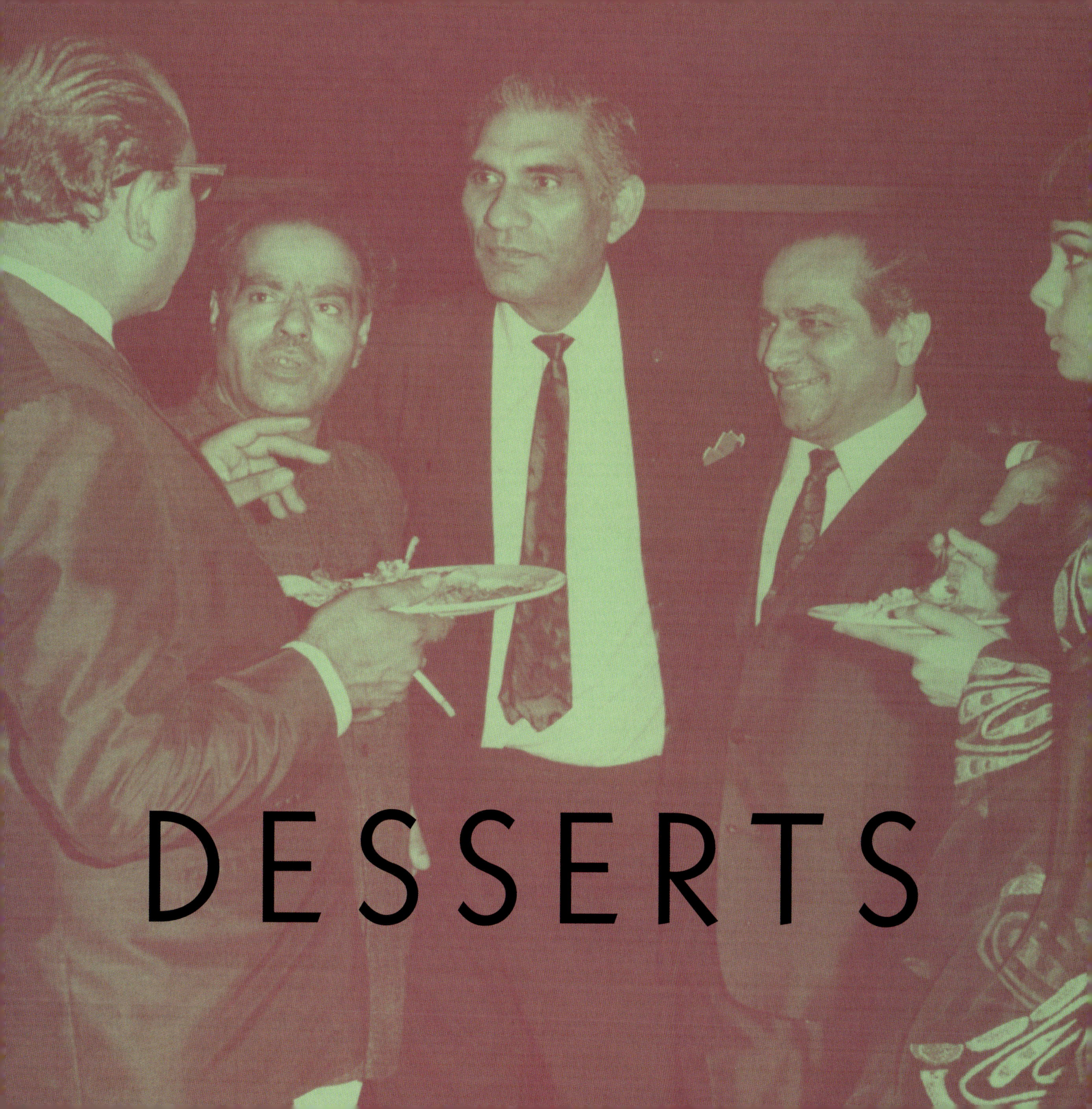

# DESSERTS

# PHALON KI BAHAR

## Mangos und Litschis mit Safrancreme (rechts)

120 ml griechischer Joghurt
150 ml Crème double
Puderzucker nach Geschmack
½ TL Safranfäden, in 1 TL Milch eingeweicht
1 Prise Kardamompulver
150 g Mango, geschält und gewürfelt
150 g Litschis aus der Dose, abgetropft
Sternfrucht in dünne Scheiben geschnitten, nach Belieben

1 Joghurt, Crème double, Puderzucker, Safran, Milch und Kardamom vermischen, anschließend Mangostückchen und Litschis unterheben.

2 Nach Belieben mit dünnen Sternfruchtscheiben (Karambola) garnieren und gut gekühlt servieren.

Zubereitungszeit: 20 Minuten

# KHUBANI KA MEETHA

## Aprikosenkompott mit Sahne

300 g Aprikosen, entsteint (in Indien bevorzugt man Aprikosen aus der Provinz Hunza)
100 g Zucker
2 EL gehackte Mandeln
4 EL Crème double

1 Aprikosen und Zucker mit 600 ml Wasser in eine schwere Kasserolle geben und kochen, bis die Früchte sehr weich sind.

2 Abkühlen lassen, dann das Kompott auf Portionsschälchen verteilen, mit Mandeln bestreuen, etwas Crème double darüber laufen lassen und gut gekühlt servieren.

Vorbereitungszeit: 10 Minuten Kochzeit: 15 Minuten

*Der Fastenmonat Ramadan ist für Muslime in aller Welt eine besondere Zeit. Sobald der Mond am Himmel erscheint, enden die Stunden der Entbehrung mit einem nächtlichen Festmahl. Die Menschen kommen zusammen und brechen das Fasten mit einer Vielzahl traditioneller Gerichte wie Kebabs, Biryani und mit Getränken, denen Blütenessenzen ein reiches Aroma schenken. Höhepunkt der opulenten Mahlzeiten ist dieses reichhaltige, cremige Dessert, aufgetragen in kleinen Keramiktöpfchen und bestreut mit Rosenblättern.*

# PHIRNI

## Reispudding mit Rosenaroma

80 g Reismehl
600 ml Milch
Zucker nach Geschmack
einige Tropfen Rosenessenz

1 Das Reismehl mit ein wenig Milch zu einer Paste verrühren.

2 Den Rest der Milch mit dem Zucker erhitzen.

3 Wenn die Milch sehr heiß ist, unter Rühren die Paste zugeben und weiterrühren, bis eine cremige Konsistenz entsteht. (Je nach Qualität des Mehls brauchen Sie eventuell etwas mehr davon.)

4 Von der Kochstelle nehmen und die Rosenessenz unterziehen. In Portionsschälchen füllen und im Kühlschrank fest werden lassen. Dieses Dessert sieht besonders hübsch aus, wenn man es vor dem Servieren mit Rosenblättern bestreut.

Vorbereitungszeit: 5 Minuten

Kochzeit: 10 Minuten + 1 Stunde zum Stocken

# SHUFTA

## Frischkäse, Nüsse und Trockenfrüchte in Honig

1 Ghee oder Butter erhitzen, darin Pfefferkörner und Nüsse leicht anbraten.

2 Kardamom und Zucker einrühren und 150 ml heißes Wasser angießen. Dann den Safran zugeben.

3 Zum Kochen bringen, Trockenfrüchte und Zitronensaft zufügen. Kochen bis der Sirup eindickt.

4 Von der Kochstelle nehmen und den Käse zugeben. Warm in Portionsschalen servieren. Dazu passt auch eine Kugel Vanilleeis.

**Vorbereitungszeit: 10 Minuten  Kochzeit: 15 Minuten**

1 Stückchen Ghee (Butterschmalz) oder Butter
4 Pfefferkörner
80 g gemischte Nüsse
3 Kardamomkapseln, zerdrückt
Zucker nach Geschmack
1 Prise Safran
80 g gemischte Trockenfrüchte
1 TL Zitronensaft
80 g Paneer-Käse (ersatzweise Mozzarella), klein gewürfelt

# KELYACHE SHRIKHAND

## Sahnejoghurt mit Banane

1 Joghurt, Crème fraîche, Zucker und Kardamom verrühren und etwa 5 Minuten aufschlagen, bis sich alles gut verbunden hat.

2 Die Bananen zufügen und 1 Minute weiterschlagen, sodass die Masse etwas breiig wird.

3 In Dessertschalen füllen und mit den Pistazien garnieren. Gut gekühlt servieren.

**Zubereitungszeit: 15 Minuten**

150 ml griechischer Joghurt
150 ml Crème fraîche
Zucker nach Geschmack
½ TL Kardamompulver
2 reife Bananen, in Scheiben geschnitten
1 EL zerdrückte Pistazien

# NARIAL KA HALWA

## Kokospudding (rechts)

1 Eine schwere Pfanne erhitzen und darin den Zucker mit 1 Esslöffel Wasser schmelzen. Alle anderen Zutaten hinzufügen und 1 Minute kochen, sodass sich alles gut verbindet. Von der Kochstelle nehmen.

2 Die Mischung aus der Pfanne portionsweise über je 1 Kugel Vanilleeis geben. Als Überraschungseffekt eine dünnen Kerze aufstecken und anzünden. Heiß servieren.

- 80 g weißer Zucker
- 100 g Kokosflocken
- ¼ TL Kardamompulver
- 1 Prise Safranfäden, in 1 TL Milch eingeweicht
- 2 EL Pistazien, grob zerdrückt
- Vanilleeis zum Anrichten

**Kochzeit: 5 Minuten**

# ANANAS SHEERA

## Griespuddig mit Ananas

1 Ghee oder Butter in einer Kasserolle schmelzen und darin den Gries braten, bis er Farbe annimmt und duftet. Hitze reduzieren und den Zucker zugeben. Schmelzen lassen.

2 Die Ananas zufügen und durchrühren. 450 ml heißes Wasser angießen, umrühren, den Topf zur Hälfte zudecken und das Ganze bei schwacher Hitze simmern lassen, bis der Gries gar und der Pudding trocken und luftig ist.

- 150 g Ghee (Butterschmalz) oder Butter
- 150 g Gries
- 150 g Zucker
- 150 g Ananas aus der Dose, abgetropft und gehackt
- 450 ml heißes Wasser

**Vorbereitungszeit: 10 Minuten   Kochzeit: 15 Minuten**

*Dies ist eine der wenigen indischen Süßspeisen, die im Backofen gegart wird. Sie ist reichhaltig, verlockt so richtig zum Schwelgen und ist dennoch denkbar einfach zuzubereiten. Das Blattsilber verleiht jeder Mahlzeit einen glanzvollen Abschluss. Die Folie (varq) ist in Form einzelner Blätter in indischen Lebensmittelgeschäften erhältlich und jahrelang haltbar. (Blattsilber heißt Chandi ka varq, Blattgold Sone ka varq.)*

# DOODH KA PUDDING

## »Versilberter« Milchpudding

1 Kondensmilch und Zucker verrühren, in einer beschichteten Kasserolle erhitzen und unter ständigem Rühren leicht köcheln lassen, bis die Milch auf ein Drittel reduziert ist. Dabei aufpassen, dass sie nicht anbrennt.

2 Vollständig abkühlen lassen, dann die verquirlten Eier und den Kardamom unterheben.

3 In eine gefettete Auflaufform füllen und im vorgeheizten Ofen im Wasserbad bei 180 °C (Gas Stufe 4) stocken lassen (dies dauert etwa 15 Minuten).

4 Vollständig auskühlen lassen, dann in den Kühlschrank stellen. Mit Blattsilber geschmückt servieren.

**Vorbereitungszeit: 10 Minuten**

**Kochzeit: 40 Minuten**

600 ml Kondensmilch
Zucker nach Geschmack
4 mittelgroße Eier, verquirlt
½ TL Kardamompulver
1 Blatt essbare Silberfolie

# SHAHI KHEER

## Knusprige Croûtons in Safranmilch

Sonnenblumenöl zum Frittieren
2 Scheiben Weißbrot mit Rinde, in mundgerechte Würfel geschnitten
300 ml Kondensmilch
120 ml gesüßte Kondensmilch (oder andere nach Geschmack)
1 großzügige Prise Safran
2 EL zerdrückte Pistazien

1 Öl erhitzen und die Brotwürfel goldbraun frittieren. Auf Küchenkrepp abtropfen lassen.

2 Beide Milchsorten und den Safran vermischen, zum Kochen bringen und dann leise köcheln lassen, bis die Masse etwas dicklich wird. Gut auskühlen lassen.

3 Zum Servieren einige gebratene Brotwürfel auf Portionsschälchen verteilen, die Safranmilch darüber gießen und mit Pistazien bestreuen.

**Vorbereitungszeit: 10 Minuten Kochzeit: 30 Minuten**

# DUDHI HALWA

## Kürbispudding

2 EL Ghee (Butterschmalz) oder Butter
200 g Dudhi-Kürbis (ersatzweise eine andere Sorte), geschält und gehobelt
150 ml Kondensmilch
100 g Zucker
¼ TL Kardamompulver
Vanilleeis nach Belieben

1 Ghee oder Butter in einer schweren Pfanne erhitzen und den Kürbis darin einige Minu ten braten.

2 Kondensmilch und Zucker einrühren und 10–15 Minuten kochen, bis der Kürbis breiig geworden ist.

3 Den Kardamom zugeben und das Ganze von der Kochstelle nehmen.

4 Warm servieren – nach Wunsch mit einer Kugel Vanilleeis.

**Vorbereitungszeit: 10 Minuten Kochzeit: 15 Minuten**

*Sobald der Sommer kommt, erscheint auf Indiens Straßen auch jedes Jahr wieder der Eismann. Vor allem hat er in seinem Handwagen eine ganze Reihe von Flaschen mit knallbunten Sirups. Dieses Dessertrezept ist sehr einfach, umständlich ist nur das Eis zu schaben oder zu zerstoßen und dann um ein Holzstäbchen zu formen.*

# ICE GOLA

## Fruchteis am Stiel (rechts)

1 Aus dem zerstoßenen Eis schnell einen Klumpen um das Ende eines Eisstiels (Holzstäbchens) formen, sodass es wie ein Lolli aussieht.

2 Großzügig mit Saft, Sirup oder Likör beträufeln.

3 Zum Servieren die Eisstiele in eine Melone stecken und dann ganz schnell essen!

**Zubereitungszeit: 15 Minuten**

Für jedes Eis am Stiel:
80 g zerstoßenes Eis
verschiedenfarbige Fruchtsäfte, Sirups oder Liköre (z. B. Rosenlikör, Blue Curaçao etc.)
Holzstäbchen, -spieße

# AAMRAS

## Mangocreme

1 Die Mangos im Mixer zu einer glatten Masse pürieren.

2 Falls nötig, Zucker zugeben und rühren, bis er sich aufgelöst hat.

3 Die Crème double und das Kardamompulver unterheben und gut gekühlt servieren.

**Zubereitungszeit: 20 Minuten**

450 g reife Mangos, geschält und in Scheiben geschnitten
Zucker, falls gewünscht
2 EL Crème double
½ TL Kardamompulver

DIE SENGENDE SONNE und die unbarmherzige Hitze machen in Indien ein vielseitiges Getränkeangebot unverzichtbar. Wasser ist natürlich der bevorzugte Durstlöscher und wird zu jedem Essen gereicht. Ebenfalls sehr beliebt sind Getränke auf Fruchtbasis, zum Beispiel die frische Limonade *nimboo pani,* die es an Straßenständen zu kaufen gibt. Säfte aus Früchten wie Orangen, Ananas, Wassermelonen oder Trauben bekommt man in den *juice centres,* wo man sein Auto parken und ein belebendes Gläschen bestellen kann. Außerdem gibt es Getränke mit Blütenessenzen wie Rose, *khus* aus Vetiver und *kewra,* das aus den Blüten des Schraubenbaums (Pandanus) gewonnen wird. Das Joghurtgetränk *lassi* kühlt den Körper und unterstützt die Verdauung. Es wird süß oder salzig getrunken – vor, während oder auch zum Abschluss der Mahlzeit als eine Art Digestif.

Bei alkoholischen Getränken hat Indien keine große Tradition. Zur Zeit der Maharadschas kreierten die Palastküchen exklusive Liköre, um den herrschaftlichen Gaumen zu schmeicheln. Heute wird auch Wein von guter Qualität produziert, vor allem im Bundesstaat Maharashtra rund um Bombay. Eines der begehrtesten alkoholischen Getränke ist aber nach wie vor *feni* aus Goa, destilliert aus den reifsten und saftigsten Cashewfrüchten.

# GETRÄNKE

*Wie es in ganz Indien überall Saftstationen gibt, so findet man auch in jeder Stadt Milchbars, die Milch-Shakes, Joghurt, Lassi und Milchpuddings verkaufen. Im Winter, wenn das Wetter mild genug ist für den Anbau der hitzeempfindlichen Früchtchen, gibt es in diesen Bars auch Erdbeer- und Himbeermilch.*

# RASPBERRY KA DOODH

## Himbeer-Milch-Shake

150 g Himbeeren, gewaschen und abgetropft
120 ml Naturjoghurt
300 ml Milch
Honig nach Geschmack

1 Alle Zutaten im Mixer zu einer glatten Flüssigkeit verrühren.

2 Kalt stellen und in hohen Gläsern servieren.

Zubereitungszeit: 10 Minuten

# ADRAK CHAI

## Ingwertee

600 ml Wasser
2,5 cm frische Ingwerwurzel, geschält, zerdrückt
Teeblätter nach Geschmack (je nach Qualität)
Milch und Zucker nach Belieben

1 600 ml Wasser in einem Topf zum Kochen bringen und den Ingwer zugeben.

2 1 Minute köcheln lassen, die Teeblätter zufügen und 1 weitere Minute köcheln lassen.

3 Die Milch angießen und aufkochen lassen. Ingwertee von der Kochstelle nehmen, abseihen und nach Wunsch mit Zucker servieren.

Vorbereitungszeit: 2 Minuten Kochzeit: 10 Minuten

*Indischer Tee wird immer mit Milch und Zucker serviert. In Kaschmir ist Kahwa, ein gewürzter, kräftiger Grüner Tee, beliebt. In den anderen Regionen des Landes hat man die Wahl zwischen Assam, Darjeeling oder Teemischungen mit vollerem Geschmack. Dieser stärkende Masala chai lässt alle Nachmittagsmüdigkeit verfliegen.*

# MASALA CHAI

## Gewürztee

1 600 ml Wasser mit den Gewürzen und dem Zitronengras in einem Topf zum Kochen bringen.

2 1 Minute kochen, dann die Teeblätter zugeben und 1 Minute bei niedriger Hitze weiterköcheln lassen.

3 Die Milch angießen, erhitzen, den Tee abseihen und nach Wunsch mit Zucker servieren.

**Vorbereitungszeit: 5 Minuten  Kochzeit: 5 Minuten**

600 ml Wasser
1 große Prise Kardamompulver
2 Gewürznelken, zerdrückt
½ TL Pimentpulver
einige Stückchen Zitronengras
Teeblätter nach Geschmack
Milch und Zucker nach Geschmack

# PIYUSH

## Safran-»Buttermilch«

300 ml kaltes Wasser und alle Zutaten außer den Nüssen mit dem Schneebesen zu einer homogenen Flüssigkeit verschlagen. Gut kühlen, in Gläser füllen, mit Nüssen dekorieren und servieren.

**Zubereitungszeit: 10 Minuten**

300 ml Wasser
200 ml griechischer Joghurt
Honig nach Geschmack
1 große Prise Safran, in etwas Milch gelöst
2 EL zerdrückte Pistazien

# NIMBU KA SHARBAT

## Indische Limonade

8 EL Zitronensaft
4 EL Zucker
1 TL Salz
½ TL schwarzer Pfeffer
600 ml Wasser

Alle Zutaten mischen und 600 ml Wasser angießen. Einige Eiswürfel zugeben und in großen gefrosteten Gläsern servieren – nach Wunsch mit einer Scheibe Limone und einem Minzezweig garnieren.

**Zubereitungszeit: 10 Minuten**

# KALINGAD KA SHARBAT

## Wassermelonen-Drink

600 g reife Wassermelone, entkernt, gewürfelt
4 EL Milch

Die Melone im Mixer zu einer glatten Masse pürieren. Durch ein Sieb streichen, die Milch zugeben und gut gekühlt servieren.

**Zubereitungszeit: 10 Minuten**

*Mattha ist eine festliche Variante des salzigen Lassi aus dem Bundesstaat Maharashtra. Normalerweise lässt man zum Servieren die Kräuter im Glas, ich streiche die Flüssigkeit jedoch gerne durch ein Sieb, um eine glattere Konsistenz zu erzielen. Man genießt dieses Lassi zu pikanten Fleisch- und Gemüsegerichten oder zum Abschluss des Essens als eine Art Digestif.*

# MATTHA

## Gewürzlassi mit Koriander

1 Hand voll Korianderkraut
1 grüne Chilischote
1 TL geröstete Kreuzkümmelsamen (Kumin)
300 ml kaltes Wasser
200 ml Naturjoghurt
Steinsalz

1 Korianderkraut, Chili und Kreuzkümmel mit etwas Wasser im Mixer zu einer Paste verarbeiten.

2 Die Kräuter-Gewürzmischung mit 300 ml kaltem Wasser, Joghurt und Steinsalz verrühren. Gut durchschlagen und durch ein feines Sieb streichen. Kalt servieren.

**Zubereitungszeit: 10 Minuten**

JEDES INDISCHE ESSEN wird begleitet von einer Auswahl an Chutneys, Würzsaucen und Eingelegtem – sowohl süß als auch scharf, viele davon hausgemacht. Eingelegte Spezialitäten *(pickles)* bereitet man aus Früchten und Gemüsen wie Limonen, Karotten, Steckrüben, Auberginen, Feigen oder Äpfeln. Sie werden in Salz, Gewürzen, Öl, Essig oder Zitronensaft konserviert. Jede Region hat ihre eigenen Rezepte. Die marinierten Garnelen aus Goa oder das Hähnchen- und Lamm-Eingemachte aus dem Punjab sind in ganz Indien berühmt. In Kerala findet man in jedem Laden eingelegte Pfefferkörner und die Bengalen lieben in Senföl eingemachten Fisch. Ich führe hier keine Rezepte für Pickles an, da die Zubereitung recht langwierig sein kann und sie im hellen, heißen Sonnenlicht reifen müssen.

Chutneys und Würzsaucen geben jeder Mahlzeit eine pikante oder scharfe Note. Sie werden täglich frisch zubereitet, da sie sich nicht lange halten. In Indien verwenden wir das Wort »Chutney« für fruchtige Würzsaucen ebenso wie für pastose oder flüssige Chutneys. Zu ihrer Herstellung gehört das Pürieren und Vermengen von Zutaten wie Erdnüssen, Kokos, Koriander oder Knoblauch zu einer Paste. Für Würzsaucen *(relishes)* werden die zerkleinerten Zutaten in Zucker, Sirup oder Essig gekocht.

# CHUTNEYS UND WÜRZSAUCEN

*Dhania chutney ist mit Sicherheit das beliebteste aller indischen Chutneys. Man serviert es zu Pfannkuchen und Bratlingen (bhajia), füllt es in Sandwiches oder genießt es zu Reis oder Hülsenfrüchten. Es ist nicht lange haltbar und sollte deshalb möglichst schnell verbraucht werden.*

# DHANIA CHUTNEY

## Koriander-Erdnuss-Chutney

1 Alle Zutaten mit etwas Wasser im Mixer zu einer feinen Paste vermengen.

2 Abschmecken und servieren.

**Zubereitungszeit: 10 Minuten**

1 große Hand voll Korianderkraut
2 EL geröstete Erdnüsse
2 grüne Chilischoten
1 TL Ingwer-Knoblauch-Paste
½ TL Zucker
Salz
1 EL Zitronensaft

*Dieses Chutney kann man nach der Zubereitung bis zu drei Tage lang im Kühlschrank aufbewahren. Sein süß-saurer Geschmack ergänzt die verschiedensten Gerichte von gegrilltem Fleisch bis hin zu Chapati.*

# MANUKA TAMATER KI CHUTNEY

## Rosinen-Tomaten-Chutney

- 2 EL Sonnenblumenöl
- ½ TL Senfsamen
- ½ TL Kreuzkümmelsamen (Kumin)
- 2 grüne Chilischoten, gehackt
- 1 Dose (400 g) geschälte und gehackte Eiertomaten
- 2 EL Zucker
- 2 EL Rosinen
- Salz

1 Das Öl erhitzen und die Senfsamen hineinstreuen. Wenn sie platzen, Kreuzkümmel und Chili zufügen und rühren.

2 Tomaten, Zucker, Rosinen und Salz zugeben und das Ganze kochen, bis es breiig wird.

3 Abkühlen lassen, in ein Schraubglas füllen und im Kühlschrank aufbewahren.

**Vorbereitungszeit: 5 Minuten Kochzeit: 10 Minuten**

# LAHSUN CHUTNEY

## Kokos-Knoblauch-Chutney

1 Eine Pfanne erhitzen und darin die Kokosflocken trocken rösten, bis sie goldbraun sind. Salz und Chilischoten zufügen und eine weitere Minute braten.

2 Von der Kochstelle nehmen, Knoblauch und Tamarindenpaste zugeben und die gesamte Mischung in einem Mahlwerk sehr fein zerkleinern.

3 Im Kühlschrank in einem Schraubglas aufbewahren

**Zubereitungszeit: 10 Minuten**

150 g Kokosflocken
Salz
5 getrocknete rote Chilischoten
5 Knoblauchzehen
½ TL Tamarindenpaste

# NASHPATI CHUTNEY

## Birnen-Chutney

Alle Zutaten vermischen und zu einer sämigen Masse verkochen.
Am Tag der Zubereitung verwenden.

**Vorbereitungszeit: 10 Minuten Kochzeit: 10 Minuten**

3 große süße Birnen, geschält, das Kerngehäuse entfernt und gewürfelt
½ TL Anis, geröstet und gemahlen
1 Prise Muskatnuss
1½ EL Zucker
2 EL Zitronensaft

# DIWALI-FESTMAHL

Bei Anbruch des Winters begehen die Inder in ausgelassener Heiterkeit ein bezauberndes Lichterfest mit allerlei Darbietungen. Während der fünf Festtage von Diwali kommen die Familien zusammen, feiern mit Feuerwerk, zeichnen mit Kreide oder Reismehl symmetrische Muster *(rangolis)* auf den Boden vor ihren Häusern und schlemmen nach Herzenslust pikante und süße Leckereien. Für Familie und Freunde werden üppige Festessen zubereitet, die das Wasser im Munde zusammenlaufen lassen. Außerdem gibt es die verschiedensten Süßigkeiten: Kisten voller Trockenfrüchte und Nüsse, Körbe mit Früchten und Süßigkeiten aus Milch gleich dosenweise.

**MENÜ**

Guaven-Drink

Pfannen-Plätzchen

Erbsen-Kartoffel-Pfanne

Bohnen in würzigem Kokoscurry

Cashew-Pulao

Süße Knusperkekse

## AMROOD KA SHERBAT
### Guaven-Drink

2 mittelreife Guaven, gehackt
6 EL Zucker
300 ml Wasser
300 ml Milch

1 Guaven und Zucker mit 300 ml Wasser mischen und bei großer Hitze sehr weich kochen.
2 Durch ein feines Sieb streichen, dabei möglichst viel Fruchtsaft und -püree herauspressen.
3 Abkühlen lassen, die Milch angießen. Nach Geschmack nachzuckern. Kalt servieren.

Vorbereitungszeit: 10 Minuten Kochzeit: 10 Minuten

## POORIES
### Pfannen-Plätzchen

450 g Weizen-Vollkornmehl
1 EL Sonnenblumenöl
warmes Wasser zum Teigkneten
Sonnenblumenöl zum Frittieren

1 Mehl und 1 EL Öl mit den Fingerspitzen zu einem festen Teig verkneten, dabei so viel warmes Wasser zufügen, dass eine glatte Kugel entsteht, die sich vom Schüsselrand löst.
2 Den Teig in gut kirschgroße Bällchen teilen.
3 Jedes Teigbällchen zu einem flachen Plätzchen ausrollen, evtl. Arbeitsfläche bemehlen.
4 Das Öl in einem tiefen Wok erhitzen, bis es fast zu rauchen beginnt. Jedes Plätzchen mit einem Schaumlöffel vorsichtig ins heiße Öl geben. Mit dem Löffelrücken ganz eintauchen. Die Plätzchen sollen gut aufgehen.
5 Wenden und auch die andere Seite goldbraun frittieren. Aus dem Wok heben und auf Küchenkrepp abtropfen lassen. Mit den restlichen Plätzchen ebenso verfahren.

Vorbereitungszeit: 15 Minuten; Kochzeit: 15 Minuten

## ALOO MUTTAR
### Erbsen-Kartoffel-Pfanne

3 EL Sonnenblumenöl
1 TL Kreuzkümmelsamen (Kumin)
1 große grüne Chilischote, aufgeschlitzt
250 g tiefgefrorene Gartenerbsen
½ TL Kurkuma (Gelbwurz)
1 TL Korianderpulver
1 Prise Zucker
250 g Kartoffeln (festkochend), geschält, gewürfelt und gekocht
1 Hand voll gehacktes Korianderkraut
1 EL Zitronensaft

1 Das Öl in einer großen Pfanne erhitzen und den Kreuzkümmel darin leicht anbräunen.
2 Chili und Erbsen sowie Gewürzpulver, Salz und Zucker zugeben. Etwas Wasser angießen und kochen, bis die Erbsen weich sind.
3 Die Kartoffeln zufügen und unter Rühren gut erhitzen. Mit Korianderkraut bestreuen, mit Zitronensaft beträufeln und heiß servieren.

Vorbereitungszeit: 5 Minuten; Kochzeit: 20 Minute

# VALI AMBAT

## Bohnen in würzigem Kokoscurry

Dieses Curry ist ein typisches Hochzeitsessen in Südindien, wo man es auf einem Bananenblatt serviert. Professionelles Servicepersonal und Mitglieder aus der Familie der Braut animieren die Gäste von all den verführerischen vegetarischen Gerichten zu kosten. Dieses Curry isst man traditionell mit Reis.

2 EL Sonnenblumenöl
¼ TL Bockshornkleesamen
4 getrocknete rote Chilischoten
1 TL Tamarindenpaste
3 EL Kokosflocken
½ TL Kurkuma (Gelbwurz)
1 Dose (400 g) gemischte Bohnen, abgegossen und abgespült
Salz
1 Hand voll gehacktes Korianderkraut

1 Die Hälfte des Öls erhitzen und die Bockshornkleesamen braten, bis sie dunkel sind. Die ganzen Chilischoten zufügen und zwei Minuten braten.

2 Die gebratenen Gewürze mit Tamarindenmark, Kokosflocken, Kurkuma und etwas Wasser im Mixer zu einer Paste verarbeiten.

3 Das restliche Öl erhitzen und die Paste eine Minute braten. Bohnen und Salz zugeben. So viel heißes Wasser angießen, dass die Masse saucenartig wird.

4 Mit Koriander bestreuen und heiß servieren.

Vorbereitungszeit: 10 Minuten; Kochzeit: 10 Minuten

# KAJU PULAO

## Cashew-Pulao

Nüsse und Trockenfrüchte gelten in ganz Indien als besonders erlesene Köstlichkeiten. Die besten Cashewkerne kommen aus Goa und Kerala und sind so richtig dick, glatt und glänzend. Verwenden Sie für das Rezept ganze Cashews, denn die sehen viel hübscher aus als gehackte.

3 EL Sonnenblumenöl
6 Pfefferkörner
3 Gewürznelken
1 Hand voll Cashewkerne
300 g Basmatireis, gewaschen und abgetropft
600 ml heißes Wasser
Salz

1 Das Öl in einer große Pfanne erhitzen und darin die Pfefferkörner und die Nelken 1 Minute braten. Die Cashewkerne zufügen und unter Rühren goldbraun braten.

2 Den Reis zugeben und einige Minuten mitbraten. 600 ml heißes Wasser angießen, salzen und aufwallen lassen.

3 Die Hitze reduzieren, die Pfanne halb zudecken und das Ganze köcheln lassen, bis der Reis gar und einigermaßen trocken ist. Mit einer Gabel auflockern und heiß servieren.

Vorbereitungszeit: 5 Minuten; Kochzeit: 20 Minuten

# MEETHI MATHRI

## Süße Knusperkekse

FÜR DEN TEIG:
150 g Mehl
2 EL Gries
1 EL Sonnenblumenöl
Sonnenblumenöl zum Frittieren

FÜR DEN SIRUP:
75 g Zucker
½ TL Kardamompulver
1 Prise Safran
2 EL zerdrückte Pistazien

1 Mehl, Gries und 1 EL Öl zu einem festen Teig verkneten, bei Bedarf etwas Wasser zugeben.

2 Den Teig in 12 Bällchen teilen und jedes einzeln zu einem dicken kleinen Plätzchen ausrollen.

3 Das Öl in einem tiefen Wok erhitzen. Die Plätzchen im Öl auf beiden Seiten goldbraun frittieren. Abkühlen lassen.

4 Für den Sirup den Zucker mit 50 ml Wasser bei großer Hitze kochen, bis die Masse dicklich und klebrig wird – das dauert etwa 15 Minuten.

5 Kardamom und Safran zufügen.

6 Jeden Keks in den Sirup tauchen, mit Pistazien bestreuen und zum Auskühlen auf eine Platte legen. Mit Schlagsahne oder Eiscreme servieren.

Vorbereitungszeit: 15 Minuten; Kochzeit: 25 Minuten

# WEIHNACHTSMENÜ

Weihnachten wird von den Christen in ganz Indien als Fest des Friedens und der Vergebung gefeiert. Die Häuser sind mit blinkenden Lichtergirlanden, Weihnachtsbäumen und Sternenlampions geschmückt. In den Straßen werden selbst Palmen und Mangobäume mit Lichterketten dekoriert und Papp-Nikoläuse samt Rentieren locken die Menschen zum Weihnachts-Shopping in die Kaufhäuser. Eine sehr festliche Stimmung liegt in der Luft – auch wenn es weder Schnee noch kalten Winterwind gibt. Weihnachten in Indien ist heiß und tropisch und zur Christmas-Party erscheint man in luftiger sommerlicher Kleidung.

**MENÜ**

Fruchtsaft-Cocktail

Brathähnchen mit Trockenfrüchten und Gewürzen

Knusprig gebratene Gewürzkartoffeln

Pfirsich-Minze-Raita

Gold-Silber-Reis

Warmer Griespudding mit Mango

## GANGA JAMUNA

### Fruchtsaft-Cocktail

300 ml Orangensaft
300 ml Ananassaft
½ TL Steinsalz
½ TL geröstetes Kreuzkümmelpulver (Kumin)
Minze zum Garnieren

Alle Zutaten verrühren und gut gekühlt servieren – nach Wunsch mit einem Zweig Minze garnieren.

Zubereitungszeit: 10 Minuten

## MURGH MUSSALLAM

### Brathähnchen mit Trockenfrüchten und Gewürzen

1 Hähnchen aus Freilandhaltung
75 g Kokosflocken
75 g Mandelpulver
3 EL Apfelsauce (ungesüßtes Apfelkompott)
¼ TL Safran
Ghee (Butterschmalz) zum Betupfen

Für die Marinade:
150 ml Naturjoghurt, durchgerührt
2 TL Ingwer-Knoblauch-Paste
Salz
3 EL Zitronensaft
2 TL Chilipulver
2 TL Garam-Masala-Pulver

1 Das Hähnchen an einigen Stellen einschneiden. Die Zutaten für die Marinade verrühren und über das Hähnchen verteilen. Mindestens 2 Stunden marinieren.
2 Kokosflocken, Mandelpulver, Apfelsauce und Safran mit etwas Wasser im Mixer zu einer Paste vermengen.
3 Das Hähnchen rundherum mit der Kokosmischung einreiben, salzen. Auf ein Backblech oder in einen Bräter legen, mit Ghee betupfen und im vorgeheizten Backofen bei 190 °C (Gas Stufe 5) braten, bis das Hähnchen gar ist. Von Zeit zu Zeit bestreichen, damit das Fleisch nicht austrocknet. Heiß servieren.

Vorbereitungszeit: 15 Minuten + mind. 2 Stunden zum Marinieren; Kochzeit: 45 Minuten

## ALOO TUK

### Knusprig gebratene Gewürzkartoffeln

Sonnenblumenöl zum Frittieren
300 g Kartoffelspalten mit Schale
Steinsalz
1 großzügige Prise Chilipulver
1 großzügige Prise geröstetes Kreuzkümmelpulver (Kumin)
1 großzügige Prise Mangopulver (Amchoor)

1 Das Öl erhitzen und die Kartoffelspalten darin goldbraun braten.
2 Großzügig mit Salz und Gewürzen bestreuen und heiß servieren.

Vorbereitungszeit: 10 Minuten; Kochzeit: 15 Minuten

# PEACH AUR PUDINE KA RAITA
## Pfirsich-Minze-Raita

Ein pikantes Fleischgericht schmeckt besonders köstlich, wenn man als Kontrast dazu eine fruchtig-kühle Beilage serviert. Hier haben Sie eine exotische und ungewöhnliche Kombination aus Pfirsich und Minze. Die saftigen Früche wachsen in den kühleren Obstgärten Nordindiens und werden zum Verkauf kistenweise in alle Landesteile verschickt. Für dieses Weihnachtsmenü verwende ich Dosenpfirsiche. So Sie den Raita im Sommer zubereiten, können Sie auch reife frische Pfirsiche verwenden.

1 kleine Dose (ca. 340 g) Pfirsiche in Stücken, abgegossen, den Saft aufheben
150 ml Naturjoghurt
Salz
2 EL gehackte frische Minzeblätter
½ TL geröstetes Kreuzkümmelpulver (Kumin)

1 Pfirsichstücke, Joghurt, Salz und Minze vermischen.

2 3 EL des Pfirsichsafts unterrühren und mit etwas Kreuzkümmelpulver bestreut servieren.

Zubereitungszeit: 10 Minuten

# RAJRUPIYA CHAWAL
## Gold-Silber-Reis

Indien ist ein Land der Farben und die nationalen Lieblingsfarben sind Gold und Silber. Zu allen Festlichkeiten werden die traditionellen Delikatessen auf schön gearbeiteten Silberplatten aufgetragen. Bei Hochzeiten schmückt man den Saal mit Blumen in Gold, Safrangelb und Karminrot, die mit grünen Mangoblättern verflochten werden.

2 EL Ghee (Butterschmalz)
½ TL Kreuzkümmelsamen (Kumin)
einige Pilze (z.B. Champignons oder Egerlinge), in Scheiben geschnitten
300 g Basmatireis, gewaschen und abgetropft
½ TL Salz
1 TL Kurkuma (Gelbwurz)
600 ml heißes Wasser
1 Blatt essbare Silberfolie (varq)

1 Das Ghee in einer schweren Pfanne erhitzen und den Kreuzkümmel darin braten, bis er anfängt dunkel zu werden.

2 Pilze, Reis, Salz und Kurkuma zufügen, gut durchrühren.

3 600 ml heißes Wasser angießen und unter Rühren zum Kochen bringen. Dann die Hitze reduzieren, halb zudecken und köcheln lassen, bis der Reis gar ist.

4 Mit der essbaren Silberfolie (varq) dekorieren und heiß servieren.

Vorbereitungszeit: 5 Minuten; Kochzeit: 25 Minuten

# AAM AURE RAWE KI KHEER
## Warmer Griespudding mit Mango

Dieses einfache Rezept kombiniert zwei festliche Nachspeisen. Da frische Mangos in der Regel zur Weinachtszeit kaum zu bekommen sind, nehme ich gesüßtes Mangomus aus der Dose, das in Indien-Shops unter dem Namen *aamras* verkauft wird. Auch in Indien ist es selbst bei Banketten durchaus üblich, außerhalb der Mangosaison pürierte Früchte – aus der Dose oder tiefgefroren – aufzutischen.

1 Stückchen Butter
5 EL Gries
300 ml Wasser
Zucker nach Geschmack
200 ml Kokosmilch
1 Prise Kardamompulver
8 EL Mangopüree aus der Dose

1 Die Butter erhitzen und den Gries darin einige Minuten braten. 300 ml Wasser angießen und die Mischung zum Kochen bringen. Dann Zucker nach Geschmack zufügen.

2 Von der Kochstelle nehmen, Kokosmilch und Kardamom einrühren.

3 In Portionsgläser mit Stiel füllen und einige Minuten fest werden lassen.

4 Etwas Mangopüree über den Pudding geben und warm servieren. Dieses Dessert schmeckt aber auch kalt ganz köstlich.

Vorbereitungszeit: 5 Minuten; Kochzeit: 15 Minuten

# HOLI-MENÜ

Zur Zeit der März-Tagundnachtgleiche kündet das Holi-Fest von der Ankunft des Frühlings. Man entzündet dann Freudenfeuer, welche die Zerstörung des Bösen symbolisieren. Ein Ritual, bei dem man sich gegenseitig mit Farbe bewirft, soll verjüngen und Freude bringen. Es erinnert an die Episode, als der Gott Krischna mit seinen Freunden Holi spielte und sie über und über mit Farben überschüttete, die aus Wildblumen und Früchten bereitet waren. Heitere Menschen trinken ein berauschendes Getränk namens *bhang* und versuchen alle zögerlichen Freunde mit in den Freudentaumel hineinzuziehen. Dieses Menü enthält alle Farben, die für den Geist des Holi-Festes stehen.

**MENÜ**

Regenbogen-Lassi

Spinat-Fladen

Rote Paprikaschoten mit Babymais

Papaya-Melonen-Salat

Okra in Joghurtcurry

Üppiger Reispudding

## LASSI MAYUR

### Regenbogen-Lassi

500 ml dickflüssiger Naturjoghurt
Zucker nach Geschmack
2 TL bunter Zucker zum Garnieren

1 Den Joghurt mit 6 EL Wasser und Zucker im Mixer schaumig schlagen.
2 In vier Gläser füllen und vorsichtig ½ TL bunten Zucker auf jedes Glas geben.
3 Das Lassi muss so dick sein, dass der Zucker an der Oberfläche liegen bleibt.

Zubereitungszeit: 10 Minuten

## PALAK POORI (PURI)

### Spinat-Fladen

450 g Weizen-Vollkornmehl
1 EL Sonnenblumenöl
4 EL pürierter Tiefkühlspinat
1 Prise Salz
Sonnenblumenöl zum Frittieren

1 Aus Mehl, 1 EL Öl, Spinat und Salz einen festen Teig kneten, dabei so viel warmes Wasser in kleinen Mengen zugeben wie nötig.
2 Das Öl in einem tiefen Wok erhitzen.
3 Aus dem Teig gleich große Bällchen formen. Diese auf einer bemehlten Fläche zu flachen Plätzchen ausrollen. Überschüssiges Mehl abschütteln und jedes Plätzchen im heißen Öl von beiden Seiten goldbraun frittieren. Mit der Unterseite eines Schaumlöffels ins Öl drücken, sodass sie gut aufgehen. Herausheben und auf Küchenkrepp abtropfen lassen.
4 Mit allen Plätzchen so verfahren und heiß servieren.

Vorbereitungszeit: 15 Minuten; Kochzeit: 20 Minuten

## LAL SIMLA AUR BABY CORN KI SUBZI

### Rote Paprikaschoten mit Babymaiskölbchen

2 EL Sonnenblumenöl
½ TL Kreuzkümmelsamen (Kumin)
1 mittelgroße Zwiebel, in Scheiben geschnitten
2 Tomaten, geviertelt
½ TL Kurkuma (Gelbwurz)
½ TL Chilipulver
300 g rote Paprikaschoten, Kerne entfernt, in Streifen geschnitten
100 g Babymais, jeder Kolben der Länge nach halbiert
1 Hand voll Korianderkraut, gehackt

1 Das Öl erhitzen und den Kreuzkümmel darin dunkel werden lassen. Dann die Zwiebel zufügen und weich dünsten.
2 Tomaten, Gewürzpulver und Salz zugeben und dünsten, bis alles sehr weich ist.
3 Die Gemüse zufügen. Umrühren, zudecken und dünsten, bis die Paprikastreifen gerade etwas weich werden. Mit Korianderkraut bestreut servieren.

Vorbereitungszeit: 10 Minuten; Kochzeit: 15 Minuten

# PAPITA TARBOOZ KA CHAAT

## Papaya-Melonen-Salat

Die beiden orangefarbenen Früchte bringen Duft und Geschmack auf Ihren Tisch. Die Farbe erinnert an das safranfarbene Pulver, mit dem sich die Menschen zur Feier des Holi-Festes bewerfen. Man gewinnt es aus den strahlend orangefarbenen Blüten des Kesariya-Baums. Verwenden Sie reife, aber noch feste Früchte für diesen Salat.

150 g Papaya, gewürfelt
150 g Honigmelone (am besten Cantaloupe), gewürfelt
1 EL Zitronensaft
Steinsalz
1 Hand voll orangefarbener Pelargonienblüten zum Garnieren (nach Belieben)

1 Papaya, Melone, Zitronensaft und Salz vorsichtig vermischen.

2 Nach Belieben mit den Pelargonienblüten dekoriert servieren.

Zubereitungszeit: 15 Minuten

# BHINDI KADHI

## Okra in Joghurtcurry

Sonnenblumenöl zum Frittieren
150 g kleine Okraschoten, die Stielansätze abgeschnitten
Salz
300 ml Naturjoghurt
2 EL Kichererbsenmehl
4 EL Zucker
½ TL Bockshornkleesamen
6 Gewürznelken
schwarze Pfefferkörner
10 Curryblätter
3 getrocknete rote Chilischoten

1 Das Öl in einem tiefen Wok erhitzen und die Okras darin knusprig frittieren. Auf Küchenkrepp abtropfen lassen, mit Salz bestreuen und beiseite stellen.

2 Joghurt, Kichererbsenmehl, Zucker und Salz verrühren und nur so viel Wasser angießen, dass eine nicht zu flüssige Masse entsteht.

3 Die Mischung unter ständigem Rühren kochen, bis die Sauce dick und cremig ist. Darauf achten, dass der Joghurt nicht gerinnt. Sollte dies passieren, die Sauce kräftig mit dem Schneebesen durchschlagen.

4 3 EL des Öls in einem kleinen Topf erhitzen. Bockshornkleesamen, Nelken und Pfefferkörner einstreuen und braten, bis sie dunkel sind. Curryblätter und Chilis zugeben und das Ganze unter die Joghurtsauce rühren.

5 Die Sauce in eine flache Schale gießen und mit den Okras in der Mitte warm servieren

Vorbereitungszeit: 5 Minuten; Kochzeit: 25 Minuten

# CHAWAL KA PAYAS

## Üppiger Reispudding

Unter allen indischen Süßigkeiten gilt dieser Pudding als besonders festlich. Er wird auch den Göttern in den Tempeln als »reine« Speise geopfert. Als Dessert zum Holi-Fest habe ich hier ganz bewusst mit Farben gespielt. Nehmen Sie jede Ihnen schön erscheinende Farbe, um die Nachspeise spektakulär wirken zu lassen.

100 g Basmatireis, gewaschen und abgetropft
600 ml Milch
300 ml Kondensmilch
4 EL Mandelpulver
Zucker nach Geschmack
½ TL Kardamompulver
Lebensmittelfarbe nach Belieben

1 Den Reis mit der Milch zum Kochen bringen. Dann die Hitze reduzieren und die Masse köcheln lassen, bis der Reis weich ist. Mit dem Schneebesen etwas breiig rühren.

2 Kondensmilch, Mandelpulver und Zucker zufügen und erhitzen.

3 Von der Kochstelle nehmen und das Kardamompulver einrühren. Den Pudding auf vier Portionsschälchen verteilen und in jedes mit unterschiedlichen Lebensmittelfarben ein Muster »zeichnen«. Man kann gefärbte Puddinganteile für eine Art Regenbogeneffekt auch schichtweise in den Schälchen anordnen. Kalt servieren.

Vorbereitungszeit: 15 Minuten; Kochzeit: 15 Minuten

# REGISTER